群策智齡 4

智齡·永續·機遇

黃金時代基金會　編著

萬里機構

目錄

獻辭

陳茂波
香港特別行政區 財政司司長

非常高興與大家一起參與「第九屆黃金時代展覽暨高峰會」。自 2016 年創辦以來，這項活動已經成為本地區促進思想和觀點交流、研究老齡化問題的絕佳平台。透過展示長者產業的最新產品和服務，並匯聚國內外政策制定者、學者以及來自商業和非政府機構的代表，黃金時代展覽暨高峰會已激發了許多有意義的討論，並建立了更強大的合作關係，有利推動實踐方案和積極的改變。

如今，我們的生活越來越受到創新技術的影響，如人工智能和機械人等。我們的社會也更加重視綠色生活和可持續發展。本屆展覽暨高峰會的主題——「智齡 ‧ 永續 ‧ 機遇」，既合時宜，又恰如其分。科技和綠色生活方式必須融入到智齡產品和服務中。高齡化社會確實帶來了巨大的挑戰，但同時也創造了大量的商機。隨着高齡人口的增長，他們逐漸成為一個重要的消費族群，衍生了對創新產品和服務的新需求，這些產品和服務不僅滿足他們的需求，還要能夠讓他們過上健康、愉快的生活，當中的巨大的潛力有待發揮。因此，政府成立了一個由不同領域專家組成的「銀髮經濟顧問小組」。該小組正在對市場需求進行深入研究，以期提出促進銀髮經濟發展的建議。

我們熱切期待這次展覽暨高峰會為我們帶來更多啟迪和靈感。我感謝黃金時代基金會舉辦了這項非凡的活動，並祝願它取得圓滿成功。同時也祝願各位身體健康，生意興隆。

編註：本獻辭改編自陳茂波司長於「第九屆黃金時代展覽暨高峰會」開幕禮上的致辭，於 2024 年 8 月 2 日在香港發表。編者將其收錄為本書獻辭，以反映高峰會的精神與主題。

序一

威廉・史密斯
聯合國紐約總部老年事務非政府組織委員會主席

聯合國紐約老年事務非政府組織委員會致力實現《馬德里老齡問題國際行動計劃》，倡導制定保護長者權益的國際法律文書，以及實施聯合國健康老齡化十年計劃。

我們的共同全球目標是「在老齡化世界中不讓任何人掉隊」。人口老化是這時代的全球主流趨勢。人類壽命越來越長，長者在總人口的比例和數量正迅速增長，兒童和青少年的數量和比例則開始縮減。然而，邁向老年階段的道路並不平等，其狀況和後果受集體行動和政策決定影響。

我想強調聯合國目前正進行的三項主要倡議。大家可以在聯合國的網站或「紐約總部的老年事務非政府組織委員會」的網站找到更多資訊。

首先，在高級別政治論壇期間，各國展示其國家自願檢視報告，以及在實現「可持續發展目標」（SDGs）方面的進展。這些檢視包括對長者的全面見解，確保他們的需求和付出在致力實現包容和可持續發展之中得到充分認可。距離 SDGs 的目標日期僅剩六年，目前只有 17% 的目標步入正軌，近一半的目標顯示微小或中等進展，超過三分之一的目標則進展停滯甚至倒退。

為解決這個問題，由本會支持的「老齡問題持份者小組」與聯合國經濟和社會事務部合作，在七月的高級別政治論壇期間組織了一場周邊活動。這個活動旨在促進長者的利益和世代團結。長者和青年均參與其中，凸顯世代團結。通過他們獨特的優勢和經驗，為所有年齡層的可持續未來制定策略。

每年，本會還與聯合國經濟和社會事務部合作，組織「國際老年人日」的官方紀念活動。這個重要的活動主要是應對全球人口老化日新月異的需求。今年的重點將放在護理和支援系統上，探討如何改進政策，認可護理人員的貢獻，並倡導提升老年醫學和老年學的培訓。

今年的紀念活動特別重要，因為它緊隨由經濟和社會事務部領導的「聯合國老齡問題機構間工作組小組」的正式成立。我們會展示由聯合國郵政管理局發行的紀念郵票，以此認可和慶祝「國際老年人日」。這一里程碑強調我們致力推動有關老齡化、長者及其人權的全球對話，為所有人共建美好未來。

此外，2024 年 9 月 22 至 23 日在聯合國紐約總部舉行的「未來峰會」，是「聯合國大會」其中一部分。「聯合國大會」

是一個全球論壇，來自 193 個成員國的代表每年在紐約聚首，討論和解決重要的國際議題，制定全球政策。因為有「未來峰會」同期舉行，今年的「聯合國大會」特別重要。這次峰會的其中一項預期成果是《未來世代宣言》。

雖然未來充滿不確定，例如人工智能等突破創新帶來的影響，或氣候變化引致各種中長期後果，但有些趨勢是比較可預測的。人口老化和壽命延長就是其中一項可預測的趨勢，顯示人口老化將成為未來社會人口結構的主要特徵。

本會與會員國代表，以及聯合國經濟和社會事務部合作，共同應對人口老化，努力不懈地將長者的需求和貢獻納入全球討論，並堅守「沒有我們的參與，就不要替我們做決定」的原則。

隨着世界在科技和創新方面迅速發展，「第九屆黃金時代展覽暨高峰會」是回顧和確定相關重要發展的理想平台。我鼓勵大家積極參與，探索最佳實踐和創新方案，為香港和其他面對人口老化的社會，提供許多創新和創意的想法。

編註：本序言改編自威廉・史密斯博士於 2024 年「第九屆黃金時代展覽暨高峰會」開幕禮上的致辭。該致辭分享了聯合國在老齡化方面的倡議，並表達對高峰會探索創新方案的期望。編者選錄此文作序言，以反映高峰會對促進老齡化社會創新的啟發性討論。

序二

何永賢
香港特別行政區政府 房屋局局長

銀髮族、樂齡族、青老、智齡人士……隨着全球人口老齡化現象日益普及，「長者」的定義正在不斷變化，相關議題也受到更廣泛的關注與討論。年歲增長是每個人必經的生命階段，它不僅關乎個體的成長與轉變，也觸及社會結構的變化。因此，面對高齡化帶來的挑戰，我們極需以創新思維，思考如何確保不同階段的長者能夠持續享有高品質的生活。《群策智齡 4——智齡・永續・機遇》一書匯聚了本地和海外專家就構建智齡社區多方面的智慧和經驗分享，為行業提供了極具價值的參考。

針對人口老齡化問題，特區政府已制訂了安老政策，照顧及支援長者。目前，有不少長者居住於香港房屋委員會（房委會）轄下的公營房屋單位。截至 2024 年第一季度，約有 198,600 戶（25%）為全長者家庭。許多長者希望在熟悉的環境中安享晚年，而「全球智齡社區」的概念正是為了回應這個需求而出現。因此，房委會亦採取了一系列的措施來締造長者友善的生活環境。

屋邨設計方面，房委會剛於 2024 年 9 月推出幸福設計指引，適用於新建公營房屋項目，亦作為翻新現有公共屋邨的參考。指引包含「樂齡安居」和「跨代共融」的幸福設計概念，旨在為居民締造年齡友善環境，照顧長者居家安老的需要。我們希望透過提供完善的公共空間和樂齡設施，鼓勵長者走出家門，培養健康生活，不僅為他們提供更加舒適和便利的生活空間，還增強鄰里間的連結和互動。例如在入口大堂、住宅樓層走廊及公共空間適切地設置扶手，於電梯內及大堂安裝倚靠座椅，並於主要通道提供充足的社交座椅和休息空間，鼓勵長者建立社交生活。我們亦會於屋邨內的指示牌增加圖像標誌，提高住宅大樓和其他目的地的辨識度，讓長者有自信地踏出家門，健康安心地生活在屋邨社區。

在日常管理層面，房委會積極實施各項措施回應政府提倡的居家安老政策。房屋署職員會透過日常管理工作接觸租戶，主動了解他們的各項需要，當中包括進行定期家訪，以了解他們在公屋單位的住用情況。我們亦會透過在屋邨舉辦活動、向住戶派發屋邨通訊、宣傳單張及海報等，向公屋租戶介紹各項長者服務。此外，房委會亦在物業管理合約招標中增加了「創新建議」、「環境保護」、「社會責任」和「企業管治」（簡稱 ESG）作為其中的評分準則，藉此鼓勵物業服務公司為有需要的公屋租戶，包括長者住戶提供更友善的居住環境，例如設立義工團隊，提供服務給邨內社區、探訪長者或有需要家庭等，提升居民的幸福感。

社區支援服務和健康護理對長者亦尤為重要。房委會各屋邨每年均夥拍非政府機構舉辦活動，包括外展探訪，為長者提供支援，如送餐、家居維修及清潔，和出外就醫接送服務等，幫助他們維持基本生活需要，並透過不同活動，擴闊他們的社交圈子及提供情緒支援。我們亦支持慈善機構提供流動診療服務，例如流動中醫醫療車、流動物理治療車服務等，為無法自行前往診所的長者提供醫療服務。

藉着推行以上各項政策和措施，我們希望能與社會各界共同致力構建充滿關懷的社區，讓長者能得到應有的尊重和享受幸福的生活。

最後，誠邀所有讀者與我們一同參與這趟幸福與關懷之旅。相信《群策智齡 4——智齡 · 永續 · 機遇》能夠激發更多人關注智齡群體，並為之貢獻自己的力量。讓我們攜手並進，在未來的道路上共同努力，向着建設全球智齡社區的目標邁進——「共築 · 幸福」！

編者的話

容蔡美碧
黃金時代基金會創會主席

全球正面臨人口老齡化帶來的重大挑戰，這個現象已由西向東擴展。根據聯合國的預測，到 2050 年，亞洲將取代歐洲成為全球高齡人口最密集的地區。其中日本、新加坡、中國、韓國等國家的高齡人口比例均預計在 2050 年達到或超過 35%。至於本地，除了是最長壽的地方之一外，還是人口老化最快速的城市。這一轉變對各地的經濟、社會結構以及政策帶來前所未有的挑戰；加上地緣政治和經濟放緩的影響，如何能為社會創造一個永續的未來呢？各國政府及企業紛紛提出應對方案，期望在高齡化的背景下找到發展機會，而非視之為負擔。

「永續」不是一個流行詞語，它是改變我們一切行為和工作方式的轉變型思維。它關乎促進長期的經濟繁榮，提升中老年人的生產力和經濟活動，令每人都可安享晚年。醫療衛生要從治病為本轉型到預防性的健康管理，提升長者的健康及維持充滿活力和自立的生活型態，才能從根本降低醫療支出、減低社會成本。「永續」也關乎創建關愛且包容的社區，透過社區的集體力量彼此協助，讓各個年齡層的人在百歲人生的歷程中能實現有意義的生活和保持社交互動。此外，氣候變化和世紀疫情皆顯示出長者是最受影響的群體。通過建立長者友善環境和全齡設施，確保我們能為各代人提供健康快樂的生活空間。

建設智齡城市，着重的不僅是科技發展或醫療照護問題，要更深入思考如何建立讓長者實現身、心、社、靈的生態環境。這個課題不只政府需要深究，更需要每一位都會歷經老化過程的市民共同參與。

《群策智齡 4——智齡 ・ 永續 ・ 機遇》藉由不同界別的領袖、專家和學者分享精闢觀察與洞見，探索創新永續的生活和經濟模式，包括相關的政策、黃金時代經濟的發展、中國安老服務的新視野、醫康養老新發展、智齡科技的應用、永續人才和社區發展等議題。

本書亦介紹了獲得 2024 年「智齡世代傑出領袖大獎」的 19 位得獎者。他們在世界各地八個智齡範疇內作出了創新和卓越貢獻，立體地呈現了有社會、經濟和永續效益的商業實踐、營運策略、服務模式和學術研究。這 19 位環球之星、領航者和開創者在塑造智齡城市發揮了重要的作用，激勵社會各界為高齡社會的永續性共想、共創和共享。

在此特別感謝財政司司長陳茂波先生的獻辭、聯合國紐約總部老年事務非政府組織委員會主席威廉 ・ 史密斯博士和房屋局局長何永賢女士撰寫序文，還有三十多位作者提供的真知灼見。

第 1 章 黃金時代經濟

Photo Credits: vectorlab/depositphotos.com

打破界限：銀髮經濟中的跨界合作與創新機遇

林正財
香港行政會議非官守議員
基督教靈實協會行政總裁

「銀髮經濟」此術語早在上世紀九十年代已出現，但當時這一概念僅在學術界和政策討論中初露端倪，尚未在民間普及。進入 2000 年代初，香港有一些政府報告和學術研究開始逐步探討長者的經濟活動及其對社會的影響，社會對「銀髮經濟」的系統性討論也隨之形成。如今，經過多年的探討與探索，銀髮經濟不再僅僅是理論的探討，而是實際發展中，並且我們的焦點已轉向如何以創新思維跨越傳統框框，發掘並吸納這一群體所擁有的強大消費潛力。

在銀髮經濟的發展中，跨界別的合作至關重要。舉例來說，非政府組織（NGO）在長者照護方面擁有豐富的第一手經驗，他們深入了解長者的需求與挑戰，這些組織與長者的長期接觸，使他們能夠提供有關銀髮一族在生活質量、健康需求和社會參與等方面的寶貴見解。另一邊廂，私人企業則在技術開發和產品創新方面擁有豐富的資源和優勢，能夠針對市場需求開發高品質的產品和科技方案。因此，NGO 應擴大與企業的合作，促使產品開發商更準確地了解市場需求和痛點，以便開發出最符合長者需求的產品或服務。這樣的跨界合作不僅能促進創新，還能使彼此的優勢得以充分發揮，滿足長者多樣化的需求。

又以房屋發展和物業管理為例，開發商在設計和營運屋苑設施時，需更多考慮長者及其照顧者的需求。這不僅是為了提升長者在居家安老過程中的生活質量，更是為了創造一個友好的社區環境。事實上，許多居住在不同大小屋苑的長者中，有不少患有腦退化症。照顧者希望他們能在社區中安全、舒適地生活，但同時也面臨着巨大的壓力，擔心長者會走失，需全天候陪伴，這造成了長期的精神緊張。為解決這些問題，房屋發展商應打破傳統思維，與智能科技界別合作，在設計屋苑時引入科技硬件，例如防遊走系統和電子圍欄等，這樣不僅能減輕照顧者的壓力，還能讓長者在屋苑範圍內安全自由地活動，從而提升他們的生活質量和社會參與感。

上述例子顯示，僅依賴單一業界的資源似乎難以滿足銀髮經濟所帶來的各種機遇。我們要打破傳統框框，以創新思維探討跨界別合作的潛力，更好地整合各方資源和優勢，方能開發出最切合長者實際需求的產品和服務。透過各方的共同努力，我們定能創造一個更加友善和可持續的社會，讓每位長者都能享受到高品質的生活。銀髮經濟的繁榮將不僅是商業的成功，更會成為社會進步的重要標誌。

連結兩代人
令「養老」變「享老」

鄧子平
中銀集團人壽保險有限公司執行總裁

退休前我們總想着如何賺錢、存錢，為家人的幸福未來打拼。我們有沒有想過自己的「第二人生」應該怎樣安排？香港是人口老齡化最嚴重的城市之一，亦是全球高生活成本的前列城市。香港在 2024 年聯合國公布的「世界幸福指數」中只排名第 86 位，比其他亞洲地區如新加坡、日本、韓國要低。另一調查顯示，本地退休人士每月平均支出約 15,000 港元，說明在香港養老要面對壓力大、成本高的問題。因此，要為養老做充分準備，令養老生活有質素，同時減低家人的負擔，提前做好規劃便更加重要。

中銀人壽近年致力發展養老金融業務，以生態圈形式為客戶提供「金融 + 非金融」的綜合化服務。在金融服務方面，結合銀行及保險的優勢，為客戶提供支付、轉化、累積、傳承的方案。在非金融服務方面，積極聯動養老產業中不同的專業機構，尋找適合客戶醫、食、住、行的服務，為不同階段的養老生活提供協助。

養老是人生新階段，我們希望從初老入手，鼓勵及協助他們早日積極計劃人生下半場，同時鼓勵其子女參與其中，跨代共同策劃全方位更優質的退休養老生活。

管理初老風險

疾病雖然不能避免，但可提早預防。如果能及早認知身體健康的潛在風險，便可以透過改善生活習慣來減低發病風險，從而延長健康自主的生活。在香港，腦血管疾病（如中風）及腦退化症為常見的老年疾病。這些疾病需要較多時間的長期照護，亦可能會令患病長者失去自理及精神行為能力，故相關風險絕對不能忽視。除了全面的健康檢查，非入侵性的檢測亦可以為大家提供健康狀況的參考，例如「全自動視網膜圖像分析」(ARIA) 可評估長者的中風和認知障礙症風險。如果能配合相關的醫療建議及適當的運動，便可延長健康、有活力的生活質量和時間，提升養老生活質素。

除了健康風險，財務風險也同樣需要關注。萬一失去處理自己財務的能力，在患病時便可能會因為無法處理相關的醫療和護理費用而延誤治療並加重家人的負擔。訂立持久授權書（Enduring Power of Attorney 簡稱 EPA），便可委任授權人在日後自己萬一失去精神行為能力時，代為處理財務事宜，避免出現「人在病床，錢在銀行」的困局。此外，我們亦與合作夥伴探索訂立平安紙和預設醫療指示的服務，提前為長者應對難以預測的未來做好安排，令自己和家人都能安心。

探索全球旅居養老

香港人喜歡旅遊，隨着粵港澳大灣區加速融合發展，北上消費成為新趨勢，旅居的概念亦應運而生，成為退休養老的新潮流。旅居養老是一種新型的養老生活模式，初老人士可在常住地以外的地方居住一段時間，並在過程中享受各類享老服務，開啟全新的生活體驗。近年，香港特區政府開始鼓勵退休人士北上養老。內地養老的生活開支相對較低，居住環境也比香港寬敞，旅居養老的設施亦日益成熟；加上粵港澳大灣區的地理優勢，更成為港人考慮跨境養老的優先選擇。中銀人壽率先把握這個時機，推動跨境旅居養老的嶄新概念，為客戶在低生活指數、高生活水平的城市提供愜意的旅居體驗，並計劃先以粵港澳大灣區為起點，再延伸至內地其他城市，並逐步擴展至亞洲及全球各地，希望為客戶提供更多優質又令人嚮往的旅居體驗。

總結

退休養老不僅是一代人的事，子女的參與亦同樣重要。兩代人提早共同規劃、共同安排，才能完善「養老」藍圖，成就跨代安心的第二人生，令「養老」變「享老」，讓結合長者及家庭照顧者的兩代人一同受惠，實現「老有所養、老有所屬、老有所為」的理想目標。

引領改變 共譜樂頤

李律仁
前香港金融發展局主席

金融服務業與社會其他領域息息相關，而其在推動社會創新，推動年齡友善社區能扮演重要角色。

傳統觀念中，投資常被視為純粹追求財務回報的行為，而創造正面社會影響則被歸類為慈善或公益範疇。然而，這種二元對立的思維正被打破，「影響力投資」應運而生，巧妙地結合了金融投資和社會責任，實現財務回報的同時，積極締造社會環境效益。隨着全球愈發重視可持續發展，影響力投資的重要性日益凸顯。這種創新的投資理念已在全球各地區獲得廣泛認可。據統計，全球影響力投資資產管理規模已超過一萬億美元[1]，而在 2022 年，全球超過六成的影響力投資者均有將資產配置於與聯合國永續發展目標三——「良好健康與社會福利」相關的項目，其中亦包括人口老化等項目[2]。

隨着醫療技術進步和生活品質提升，人類壽命不斷延長，百歲人生不再罕見。2024 年中，65 歲及以上長者佔香港人口的五分之一[3]；預計至 2036 年將佔香港總人口的三分之一[4]。隨着長者人口增加，對醫療服務的需求增多亦無可避免。因此，影響力投資可在多個層面發揮作用。「影響力」本身並不屬於資產的種類，而是一種「將影響力融入投資決策」的管理方法，投資可以不同形式呈現，如私募或創投基金等，引導資金流向具有社會效益的項目：從創新的醫療科技和服務，到適合老年人需求的智能家居解決方案，以至適老化的社區設施建設。這些投資不僅能提高老年人的生活質素，還能創造更加包容和友善的生活環境。

縱使影響力投資在香港的發展尚處起步階段，但全球頂級富豪正積極投身影響力投資，巧妙運用其商業智慧與資源，通過專業團隊管理資金，不僅追求財務回報，更致力於推動正面變革和促進社會效益發展。至於亞洲，其超級富豪人口的增長速度有望超越全球其他地區[5]，其中香港財富達三千萬美金或以上的超高淨值人士有 12,546 名，全球排名第二，僅次於紐約[6]，有望成為亞洲影響力投資的新興重鎮，孕育出眾多富有遠見、創新精神和社會影響力的投資項目。

推動改變，建立共融社區需各界聯手合作，而全球億萬富豪更以身作則，瑞銀集團針對全球億萬富豪的調查結果顯示，高達 95% 的受訪者表示願意運用自身財富應對全球性挑戰，近半數更承諾為了後代福祉即刻採取行動。這些富豪將目光投向智慧農業、扶貧以及清潔水資源等關乎人類福祉的核心領域，充分展現他們推動積極變革的決心與遠見[7]。瑞銀集團預計，在未來 20 至 25 年內，將有約 83 萬億美元的財富進入傳承階段，這無疑為影響力投資提供了巨大的潛在資金池[8]。

作為國際金融中心，香港在影響力投資領域中具有獨特優勢。我們擁有健全的金融基礎設施、豐富的專業人才和廣泛的國際聯繫，為影響力投資的蓬勃發展奠定了堅實基礎。然而，要充分釋放影響力投資的潛力，仍需各方共同努力，如建立更完善的效果衡量標準，加強跨界合作，並推動更多資金流向具有社會和環境效益的項目。

香港金融發展局（金發局）亦積極推動影響力投資的發展。2023 年，金發局與全球影響力投資聯盟聯合舉辦了一場題為「引領亞洲影響力投資的未來」的主題活動，匯聚了來自亞洲各地的優秀影響力投資者、企業家及政策制定者，共同討論區內影響力投資的現狀與前景。2024 年，金發局發布報告——「引領改變：香港，亞洲的影響力投資樞紐」，提出多項政策建議，促進香港影響力投資活動。展望未來，金發局將進一步推動影響力投資的教育和宣傳，提高公眾對這一投資方式的認識，並加強與其他國際金融組織的合作，擴大影響力投資在港的社會效益。

將影響力投資的理念與實踐相結合，不僅為金齡人士創造更美好的生活，也為整個社會的可持續發展做出貢獻。我相信，如我們共同協力，香港有潛力成為亞洲的影響力投資先驅，推動智齡城市發展，並提供創新解決方案以應對人口老齡化帶來的挑戰。

參考資料：

1 Hand, D., Ringel, B., Danel, A. (2022) *Sizing the Impact Investing Market: 2022.* The Global Impact Investing Network (GIIN). New York.

2 Hand, D., Sunderji, S., Pardo, N. (2023) *2023 Market GIINsight: Impact Investing Allocations, Activity & Performance.* The Global Impact Investing Network (GIIN). New York.

3 《香港統計月刊 2024 年 10 月》。香港特別行政區政府政府統計處。https://www.censtatd.gov.hk/en/data/stat_report/product/B1010002/att/B10100022024MM10B0100.pdf

4 《香港統計月刊 2023 年 10 月》。香港特別行政區政府政府統計處。https://www.censtatd.gov.hk/en/data/stat_report/product/FA100061/att/B72310FA2023XXXXB0100.pdf

5 Asia-Pacific's riches grew 177% in last 15 years, outpacing rest of world, UBS finds, *SCMP.* https://www.scmp.com/business/article/3270080/asia-pacifics-riches-grew-177-last-15-years-outpacing-rest-world-ubs-finds

6 *World Ultra Wealth Report 2024.* https://altrata.com/reports/world-ultra-wealth-report-2024?_gl=1*1o4mxs2*_up*MQ..*_ga*MTY4MDc2Nzg4Mi4xNzIyMzIxNDY2*_ga_K5L71WBLPX*MTcyMjMyMTQ2Ni4xLjAuMTcyMjMyMTQ2Ni4wLjAuMA..

7 *Billionaire Ambitions Report 2022.* https://advisors.ubs.com/mediahandler/media/503066/billionaire-ambitions-report-2022-double-pages.pdf

8 *Global Wealth Report 2024.* https://www.ubs.com/us/en/wealth-management/insights/global-wealth-report.html

全球經濟轉型
從銀髮到黃金時代

李舜兒
安永香港及澳門區主管合夥人

全球社會老齡化加速，隨着醫療技術的進步和生活水平的提高，人類預期壽命顯著延長，而出生率卻在下降。在美國，「65 歲高峰」（Peak 65）人口基準顯示，2024 年將有超過 400 萬人達到 65 歲，平均每天超過 11,000 人，這一水平在未來幾年將持續下去[1]。

根據世界衛生組織的預測，到 2040 年，中國 60 歲及以上的人口比例將從 2020 年的 14% 翻倍至 28%[2]。預計到

2030 年，65 歲及以上的人數將達到 2.7 億，潛在的銀髮經濟市場規模將達到 18.3 萬億人民幣。

在香港，預計到 2043 年，每三位居民中就有一位年齡在 65 歲或以上。《香港統計月刊》2022 年的數據顯示，女性的出生預期壽命為 86.77 年，而男性則為 80.7 年。這趨勢對社會結構造成挑戰，也對我們的養老金系統和勞動市場提出了新的要求。

我們正在見證一個從「銀髮經濟」轉變為「黃金時代經濟」的重大變革。年長者的購買力不斷增加，消費偏好也隨之改變，這為香港及亞洲地區帶來了前所未有的機遇。

安永香港及澳門區主管合夥人李舜兒（右三）出席 2024 年「第九屆黃金時代展覽暨高峰會」。

銀髮潛力

銀髮經濟的崛起不僅僅是人口統計學的變化，它還帶來了許多商業機會。企業必須重新思考他們的產品和服務，以滿足這一日益增長人群的需求。長者不再滿足於基本生活需求，他們渴望更高質素的生活體驗，這包括個性化的服務、社交活動及健康管理等。因此，企業應該尋求創新，以適應這一變化。

另一方面，隨着長者人口增加，社會面臨着諸多挑戰。例如，養老金制度的壓力、醫療服務的需求增加以及社會福利體系的可持續性等。這些挑戰需要政府和企業共同努力，尋求解決方案。

在香港，政府已經開始意識到銀髮經濟的潛力，並推出了一系列政策來支持這一領域的發展。政府設立「銀髮經濟諮詢小組」，專家提出建議以促進銀髮經濟發展[3]。政府也在推行多項人才入境計劃，以吸引人才，填補勞動力空缺。香港的銀髮經濟策略不僅包括提高長者的生活質量，還涉及到改善生育率和增強勞動力。隨着長者的比例逐漸增加，如何保持經濟的活力成為了一個重要議題。政府的政策將為企業創造良好環境，促使他們投資於長者市場。

● 安永香港及澳門區主管合夥人李舜兒（右一）在「Global Market Transformation — from Silver to Gold（全球經濟轉型——點銀成金）」論壇上，與一眾講者探討全球黃金時代消費者需求的商業新模式、投資趨勢以及企業策略。

退休社區

隨着人口老齡化，長者對生活質量的期望不斷提高。他們不再滿足於基本的住宿條件，而是期望獲得個性化服務和更大的私隱。

香港有一個嶄新「醫社合一」型的服務式住宅退休社區，通過結合老年學專業知識和高科技解決方案，全面照顧退休人士。長者可接受優質的醫療適健服務、個性化飲食方案、24 小時社區支援、健康管理、輔助護理，並參加各式消閒活動及社交計劃。鑒於香港人口老化逐步加劇，這類服務式住宅將成為未來的重要趨勢。投資者應考慮繼續發展更多這種前瞻性的老年居住解決方案，融入智能家居技術和醫療科技，例如，社區內設醫療及復康中心，為銀髮族群提供持續的健康監測，或引入陪伴機械人等。

樂齡科技

香港的「樂齡科技博覽」展示各種針對長者的科技產品和服務。這些科技不僅能改善長者的生活質量，還能幫助他們更好地管理健康。長者中有相當比例面臨抑鬱症問題，這往往源於他們無法表達身體或情感上的不適。安永在2024年一份文章中顯示，數碼科技和社交媒體可以幫助長者保持社會聯繫，減少孤獨感，這對於他們的心理健康至關重要[4]。可是，長者對技術的接受程度較低，這亦是推動技術應用的一大挑戰。因此，隨着長者人口的比例持續上升，探索創新解決方案變得愈發重要。

香港不同的企業正開發各種適用於老年護理的技術，包括遙距醫療、健康監測設備和社交互動平台等。這些技術促進了針對護士與長者之間的數據連接，使他們能夠及時監測長者的健康狀況，亦能及時發現緊急情況。儘管科技應用和技術發展甚為重要，但這些措施必須與社區支持相結合，才能確保老年護理的全面性，以幫助應對老齡化社會所帶來的各種挑戰。

●李舜兒認為，香港人口老化逐步加劇，前瞻性的服務式住宅將成為未來的重要趨勢。

人生新階段

退休並不是追求夢想的終點，而是一個新的冒險機會。從論壇中我得到靈感，退休人士誠然可被重新定義為「無齡夢想家（ageless dreamer）」，是探索新可能和實現長期夢想的時期。

隨着大灣區的發展，香港的退休人士在考慮退休地點時，逐漸將目光投向大灣區。這裏不僅提供了更低的生活成本和便利的醫療服務，還有學習、投資和多樣的社交活動，為退休生活增添了更多選擇和可能性。

參考資料：

1 *Today's Choices in Work, Tomorrow's Generational Legacy,* EY Philippines. https://www.ey.com/en_ph/innovation-realized/how-will-your-decisions-today-shape-the-future-for-generations-to-come

2 *Ageing and Health.* World Health Organization. https://www.who.int/news-room/fact-sheets/detail/ageing-and-health

3〈立法會十七題：發展「銀髮經濟」〉。香港特別行政區政府新聞公報。https://www.info.gov.hk/gia/general/202407/17/P2024071700284.htm

4 *The Future of a Hyper-Aging Society Navigated by Well-Being Technology,* EY Japan. https://www.ey.com/en_jp/insights/aging/driving-well-being-in-an-aging-society-the-role-of-well-being-technology

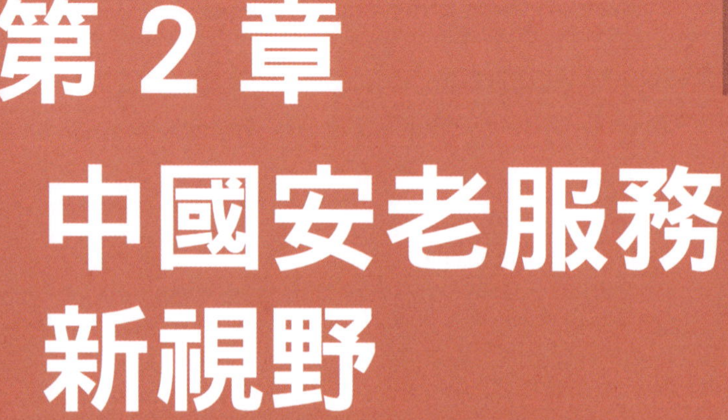

第 2 章
中國安老服務新視野

Photo Credits: mast3r/depositphotos.com

大灣區發展長者院舍照顧服務的啟示

李佩詩
香港特別行政區政府 前社會福利署署長
香港特別行政區政府 房屋局常任秘書長兼房屋署署長

香港社會正面對人口急速高齡化的挑戰。特區政府以「居家安老為本，院舍照顧為後援」為安老服務的政策方針，因應長者的不同需要，致力透過多管齊下的方式推動社區照顧服務，同時增加資助安老宿位，旨在實踐「老有所屬、老有所養、老有所為」理想，改善長者的生活素質，並為長者提供更多的選擇。

社會福利署（社署）早於 2014 年 6 月起推行廣東院舍住宿照顧服務試驗計劃，並從 2020 年 1 月起把試驗計劃轉為恆常措施。社署向兩家由香港非政府機構營辦的內地安老院購買院舍照顧服務，為正在輪候資助安老宿位的長者提供額外選擇。政府全額資助參加「廣東院舍照顧服務計劃」（下稱「計劃」）的長者的宿位費用，長者也可因應個人需要購買院舍提供的自費服務。

為便利長者在內地養老，勞工及福利局與廣東省民政廳於 2023 年 5 月簽訂《關於共同推進粵港兩地養老合作的備忘錄》。為落實上述備忘錄，兩地政府就多方面的合作進行交流，包括組建粵港養老領域專家學者交流、加強養老服務人才跨境培養合作，以及促進養老服務標準的制定。

粵港兩地地域相近，交通便捷，在社會、經濟、交通等方面一直保持獨特而緊密的關係，促使更多長者考慮跨境安老，政府亦因應相關需求擴展及優化「計劃」的各項措施。

2023 年 7 月 28 日，政府宣布放寬「計劃」的營辦機構參與資格。曾提供資助安老院舍照顧服務且記錄良好的本港機構，包括非政府機構及私營機構，均可申請把其位於大灣區內地城市的安老院納入「計劃」。政府亦擴展「計劃」的受惠長者範圍至輪候資助護養院宿位的長者。由 2023 年 10 月 1 日起，社署在「計劃」內更加入六個月的試住期。若長者在試住期內退出計劃，可以恢復中央輪候冊上的長期護理服務申請。有關措施有助長者安心體驗及適應內地安老院的生活。

為進一步確立粵港雙方在「計劃」的具體安排，勞工及福利局與廣東省民政廳於 2023 年 11 月 17 日簽訂《有關擴展「廣東院舍照顧服務計劃」合作意向書》，探索讓內地機構營辦的養老機構參與「計劃」並確立有關標準。社署在大灣區內地城市相關政府部門的協助下實地考察個別內地院舍，物色當地合適的安老院加入。在 2024 年 11 月，「計劃」已擴展至 11 家安老院。

內地安老院在環境及設施上擁有優勢；香港則可透過「計劃」將自身的經驗、專業服務和標準帶進大灣區。因此，這是雙贏的方案。特區政府會繼續與廣東省政府緊密聯繫，推動兩地安老服務業的優勢互補及合作發展，並加強宣傳「計劃」，鼓勵香港安老服務機構安排前線社工和長者及其家屬參觀內地院舍，提高市民和業界對內地院舍服務及設施的認識。

我們可總結特區政府於大灣區發展安老照顧服務政策措施對於銀髮經濟帶來的一些啟示：

一、「計劃」擴展及優化措施的順利推行，反映香港長者對跨境安老的需求。特區政府鼓勵有提供資助安老院舍照顧服務的本港機構抓緊機遇，可以考慮通過投資內地安老院或與內地養老機構合作營運的模式，申請加入「計劃」；

二、除了透過社署中央輪候冊入住「計劃」下安老院的體弱長者，特區政府亦會探討資助領取綜合社會保障援助的長者入住。在這政策推動的氛圍下，估計將會有一些居港或已移居內地而自理能力較高的長者，選擇到內地養老院居住。成功加入「計劃」的營運機構，相信會是他們的信心之選；

三、體弱長者入住內地養老院，對相關生活用品（包括消耗品如營養奶、尿片等）及輔助工具、康復用品等的需求也會隨之增加。「計劃」的營運者可以與內地供應鏈加強連繫，配合香港長者的需要；

四、內地樂齡科技發展一日千里，如何與內地相關機構協作，推動在院舍使用樂齡科技產品，是非常值得探討的課題。

希望在各界共同努力下，大家能有效地應對老齡化帶來的挑戰，同時促進銀髮經濟發展，為香港長者帶來更多選擇。

銀髮經濟與智慧養老的創新探索

田蘭寧
北京思德庫養老信息化研究院院長
中關村思德智能健康養老產業聯盟（SSIDC）理事長

銀髮經濟的興起：智慧養老技術已經成為養老產業的重要支撐力量

近年來，智慧養老在行業中顯示出其重要地位與市場潛力。智慧養老已經不僅是趨勢，還已成為銀髮經濟活力的表現，從全國各地頻繁舉辦的養老展會中可窺見一斑。2024 年至今，聯盟參與的北京、成都、廣州、上海、青島等五個主要「老博會」，共 1,810 家展商參展，其中智慧養老展商佔 399 家，軟體供應商約 319 家。在這些智慧養老的展商中，養老機構類軟體供應商的比例高達 80%，其中專注於提供數位化管理、資料分析、智慧監護等服務商成為智慧養老領域中的主要力量。從地區分布來看，北京佔據智慧養老產業的主導地位，展商數量約佔 42%，顯示出其在此領域的優勢；上海和青島也具備顯著的市場份額，分別佔 20%；成都和廣州也展示出地方性市場的活力。分析這一現象的出現的原因，我們不難發現政府在推動智慧養老普及扮演重要角色。近年來，國家相關部門定期發布智慧健康養老產品目錄，促進智慧養老產品和服務的推廣。從 2018 到 2022 年，為適應不斷變化的市場需求，政府進一步擴大目錄的覆蓋面上，不僅囊括了健康管理、養老監護、家庭服務機械人等產品，還在 2022 年新增了六個智慧化領域的類別，如中醫數位化產品、家庭床位、適老化改造等。政府頒發的這些新目錄以及各地的相關政策，推動了智慧養老市場擴大與創新進程。

在粵港澳大灣區，智慧養老的實踐不僅在硬體上追求突破，還在服務模式上探索新路。中山火炬開發區頤康老年服務中心建立了數位化老年人能力評估室，開發「照護寶」記錄養老護理員的照護過程，動態監測管理，減輕了養老護理員工作的重複勞動，提高照護品質。廣州還引入了「社工＋養老」的模式，通過社工的情感關懷和陪伴，緩解老年人的孤獨感。這些創新模式不僅提高了服務品質，也讓智慧養老具備更強的溫度和人性化屬性。東莞以其龐大的智慧製造能力，等待着轉型與市場，東莞市洪梅醫院宣導「躺着的人坐起來，坐着的人站起來，站着的人走起來」願景目標，開展人性化的醫養結合服務，成為當地的一張新名片。

跨界協作：「產學研」聯動下的智慧養老人才創新

智慧養老的發展離不開各領域的合作。在推進養老資訊化過程中，產學研用的協作逐漸發揮重要作用。以中關村思德智慧健康養老產業聯盟為例，聯盟通過開展「養老信息官」(Aging Information Officer)專案，推動實現技術創新和養老服務的深度融合。

作為智慧養老的新生力量，養老信息官不僅具備資訊技術的專業知識，要具有服務老年人的經驗與洞察力。他們可以通過資料分析瞭解老年人的需求，精確匹配服務產品，形成以需求為導向的個性化服務方案。同時，養老信息官還可以在推動智慧化技術適老化方面發揮重要作用，說明智慧養老產品更貼近老年人的日常生活，提高使用的便捷度和體驗的舒適度。

人性化服務的延伸：從產品到體驗需全面提升

智慧養老不僅在於提供產品，更在於通過技術和資料為老年人打造溫馨、貼心的服務體驗。當前，老年人在接受數位化服務時往往面臨適用性不佳、操作複雜等障礙。因此，如何將技術與人性化設計結合，成為智慧養老領域的核心議題之一。事實上，我們現在看到的許多的智慧科技，對於一線養老工作人員和護理人員來說，實用性較弱，效果不夠理想。市面上很多產品和服務未能考慮到不同階段老齡群體的需求，不論是認知能力還是適應能力，老年人之間存在巨大差異。針對老年人如何看待顏色、如何識別字體大小等細節進行非常細緻的設計，當下的高科技產品往往忽視了這些細節需要。

老齡社會需要有人文關懷，也需要技術輔助，同時也需要高科技，三者缺一不可。並不是所有高科技都具備高人文價值和實用價值。相對無科技、高科技，老年人真正需要的是智慧科技。一種既智慧，又契合人的需求，還能靈活適應個性化訂製的科技。未來，智慧科技可能是我們應該重點關注的助老方向。通過個性化的技術支援，提供多樣化的選擇，找到最適合的方案，以智慧的方式減少老年人在日常生活中遇到的困難，應該是我們努力的方向。

大灣區「由銀轉金」市場轉型的獨特機遇和挑戰

陳志育
粵港澳大灣區康養產業促進會會長
和悅社會企業主席
香港安老服務協會前主席

隨着大灣區經濟的轉型，社會面臨的挑戰與機遇交織而生，特別是在安老服務行業。根據國家的發展定位，推動粵港澳深度合作，充分發揮三地的綜合優勢，建設一個宜居、宜業、宜遊的國際一流灣區，這一目標為安老服務的未來發展奠定了基礎。伴隨「一小時生活圈」的形成，香港與內地城市的交通網絡日益發達，人與人之間的交流也變得愈加頻繁，這為安老服務的發展提供了寶貴的機遇。

香港早在上世紀八十年代便步入老齡化社會，這使其比內地城市更早地面對老齡化問題。多年來，香港積累了豐富的長期護理經驗，擁有完善的醫療系統和社會福利保障制度，這些都為需要安老服務的長者提供了良好的基礎。然而，香港在土地資源、人力資源以及設施方面的短缺，卻成為了制約其安老服務發展的主要瓶頸。

大灣區的優勢與互補

在大灣區內，各城市的發展特點和優勢各有不同。香港作為一個國際化城市，能夠在安老服務中擔當「超級聯絡人」的角色，將專業護理服務輸出到內地城市。然而，內地城市如廣州、深圳等在土地資源和生活成本上具有相對優勢，這使得它們成為港人長者移居的理想地點。

兩地政府在政策上的積極推動，將為香港安老服務行業帶來更多機遇。面對人口老化和高齡海嘯的挑戰，若能鼓勵更多港人長者移居內地接受安老服務，內地城市的支援將有效減輕香港醫療和福利上的壓力，實現有效的資源互補。

發展機遇

香港在安老服務領域的參與，不僅能提升內地的服務水平，還能為香港安老機構開啟新的發展方向。隨着國家「銀髮經濟」的推動，政府對香港安老服務機構的參與將持開放態度。例如，2023 年 5 月，香港勞工及福利局與廣東省民政廳簽署了關於共同推進粵港養老合作的備忘錄，將港人的安老福利資助延伸至大灣區。隨後，社會福利署放寬了「廣東院舍照顧服務計劃」的營辦機構參與資格，這些政策為香港安老服務的發展提供了政策支持。

兩地合作的挑戰

儘管機遇眾多，兩地在安老服務的合作裏仍面臨諸多挑戰。首先，如何推動社會保障的銜接，以確保跨境資助服務的順利實施，是一個尚待解決的問題。其次，擴大「廣東院舍照顧服務計劃」下符合資格院舍的數量，將有助提供更多的服務選擇。

此外，構建業界與政府的合作機制，推動灣區內安老服務專業資格的互認和人才流通，也是未來發展的關鍵。隨着需求的增加，培養更多安老服務領域的管理和專業人才，將對整個行業的未來發展至關重要。同時，提高香港安老服務機構的參與度，將有助於提升整體服務質素。

願景與未來

展望未來，實現兩地的優勢互補、合作共營，將是安老服務行業發展的願景。透過政策的支持和業界的努力，香港與內地的安老服務將在資源配置、服務質素和用戶體驗等方面形成良性互動。這不僅能提升長者的生活質素，也將為整個大灣區的經濟發展貢獻力量。

在此過程中，香港必須深入了解自身優勢，同時借鑒內地城市的成功經驗，以構建一個更為完善的安老服務體系。只有通過合作與創新，安老服務行業才能在大灣區的經濟轉型中找到新的增長點，實現由「銀」轉「金」的華麗轉身。

●和悦社會企業主席陳志育出席第九屆黃金時代展覽暨高峰會。

第 3 章

健康和醫療保健

Photo Credits: vectorstudi/depositphotos.com

建設金齡健康生活
打造黃金豐盛晚年

林文健
香港特別行政區政府 衞生署署長

所謂金齡，不單是指長者，亦涵蓋了 50 歲或以上的群組。隨着香港社會生活及醫療水平提高，港人平均壽命一直延長，2023 年的男性及女性出生時平均預期壽命分別達到 82.5 歲及 87.9 歲，在全球排名上名列前茅。

根據政府統計處最新人口推算[1]，未來香港的人口會預期持續高齡化，65 歲及以上長者的人口，將由 2021 年的 145 萬上升至 2046 年的 274 萬，總人口會上升至整體香港人口的 36%，差不多每三個香港人當中，就有一位長者。

人口高齡化，同時亦導致慢性疾病病患率上升。當中的最新統計數字[2]反映香港超過 210 萬人患有長期疾病，而當中超過一半為 65 歲或以上人士。癌症亦是香港的頭號殺手，隨着人口老化，預期患病和癌症的人數將進一步上升。這對香港的醫療體系、社會福利以及其他相關服務等都構成社會壓力。

為了應對人口老齡化的問題，本地採取了很多措施，而國家也正面對同樣挑戰，在《「十四五」健康老齡化規劃》中，中國已經明確提出要堅持健康至上，以長者健康為中心的方向，涵蓋健康教育、預防保健、疾病診治、康復護理、長期照顧、安寧護養等項目。緊隨國家的步伐，香港在此方面亦有很多謀劃，例如有不同的健康政策。在此我揀選了四個健康政策，針對黃金年代步入老年化，政府所做的工作向大家匯報。

首先，第一項為扭轉過往「重治療，輕預防」的醫療體制和觀念。2024 年 7 月 15 日在醫務衞生局之下成立了基層醫療署，負責推行《基層醫療健康藍圖》，致力透過地區組建一個基層醫療的健康體系，並落實在全港 18 區設立地區康健中心，希望透過每區的康健中心為市民制定不同的健康計劃，以落實建議及實踐健康措施，例如為長者提供不同類型的疫苗接種、癌症篩查或慢性疾病風險篩查，也針對所有登記用家建立個人健康生活計劃。每一個地區康健中心會形成一個網絡，在地區內結合不同的醫護人員和醫生等以完成上述工作。在長者健康服務方面，衞生署透過 18 區的長者健康中心為已登記長者定期作健康檢查，亦透過教育及健康推廣，提高照顧者以及安老院舍員工的意識和技能，以照顧不同健康狀況的長者需要，例如怎樣減低長者跌倒的風險，以及照顧患有認知障礙症長者的技巧等。隨着基層醫療署和地區康建中心的建立，我們正籌劃將每區的長者健康中心和地區康健中心的功能進一步整合，以更好地服務市民。

長者醫療券計劃自 2009 年推行以來成效顯著，容許香港長者在所屬的社區選擇符合自己健康需要的私營醫療服務。因應大灣區的擴展，很多長者搬到大灣區居住，所以我們今年內開展長者醫療券大灣區「試點計劃」，並於今年 2 月公布七間高質量醫療機構的名單。在大灣區居住的香港居民，可以到七間醫療機構使用長者醫療券，尋求基層醫療服務。中山大學附屬第一醫院已經於 6 月率先開展「試點計劃」，而中山市的中山陳星海中西醫結合醫院（陳星海醫院）已在 2024 年 7 月 18 日展開。另外還有五間醫療機構將在今年底之前全部開始長者醫療券的試點計劃[3]。

第三方面，要預防傳染病，未病先防、管理好個人健康對長者同樣重要。衞生署一直透過不同「疫苗資助計劃」為長者接種疫苗，包括流感疫苗、新冠疫苗，及能更有效地預防由最常見的血清型（血清三型）引起的侵襲性肺炎球菌感染的肺炎球菌疫苗等等，確保長者得到最佳的預防。我們收到很多來自社會的查詢，除上述疫苗外，政府是否可以免費為長者提供帶狀疱疹疫苗及其他類別疫苗。我們正透過科學委員會作研究，根據最新科學證據判別在大型人群接種疫苗對長者保護的成效。

第四，在晚期照顧方面，最近刊憲公告修訂法例，新安排將使居於院舍的末期病人更容易選擇在其居住處離世。我們正在密鑼緊鼓地準備所有配套工作，希望長者在生命的最後階段能夠得到尊重和關顧。

以上的工作集中在醫療政策上，但由黃金時代過度到晚年，當中涉及的範圍遠不止於此。除了醫療方面，社交生活、教育及各方面的政策與此群體亦息息相關。由於時間所限，我不能一一盡述。當中包括進入老年期的終身教育和學習，例如如何掌握最新科技發展的技能，令黃金時代及長者的生活更舒適，享受到科技的好處。在社區建設方面，如何建設長者友善的社區，優化長者或退休人仕的生活。「建設金齡健康生活」的課題非常廣闊，我們希望與各界一同攜手在黃金時代為大家做好服務，為長者提供更多幫助和支持。我在此引用國家主席習近平主席的説話：「老年是人的生命的重要階段，是仍可以有作為、有進步、有快樂的重要人生階段。」我寄望未來的樂齡科技不斷地推陳出新，協助我們的金齡人士打造黃金晚年，讓他們能享受健康而豐盛的人生下半場！

參考資料：

1 〈香港人口推算 2022-2046〉。香港特別行政區政府政府統計處。https://www.censtatd.gov.hk/tc/press_release_detail.html?id=5368

2 〈主題性住戶統計調查第 78 號報告書〉。香港特別行政區政府政府統計處。https://www.censtatd.gov.hk/tc/EIndexbySubject.html?pcode=B1130201&scode=453

3 〈長者醫療券大灣區服務點下週四起擴展至廣東省中山市〉。香港特別行政區政府新聞公報。https://www.info.gov.hk/gia/general/202407/12/P2024071200633.htm

老齡化人口的挑戰：新加坡的系統化方法

李慶福
新保集團社區醫院副總裁（教育與社區合作部）

摘要：

本文探討了新加坡作為全球老齡化速度最快的國家之一，所面臨的人口老齡化挑戰。這些挑戰影響着醫療保健、社會服務和經濟結構。文章強調了系統化方法在管理這些複雜問題，以及確保長者人口需求得到有效滿足的重要之處。本文分析了新加坡人口老齡化的關鍵驅動因素、對社會的影響，以及為應對這些挑戰而設計的政策干預措施。

一、引言

新加坡正在經歷顯著的人口結構轉變，成為全球老齡化速度最快的國家之一。這一轉變帶來了眾多挑戰，影響着醫療保健、社會服務和經濟結構。系統化方法對於管理這些複雜性並確保長者人口的需求得到有效滿足至關重要。本文探討了新加坡人口老齡化的主要驅動因素、對社會的影響，以及為應對這些挑戰而設計的政策干預措施。

二、人口趨勢與人口老齡化

新加坡的人口受到出生率下降和預期壽命提高的影響，逐漸老齡化。2000 年，65 歲及以上的人口佔比為 7.2%，但到 2021 年，這一比例已翻倍至 18.4%。預測表明，到 2030 年，四分之一的居民將超過 65 歲，人口結構呈現出迅速變化。

出生率下降也在其中扮演了重要角色。新加坡為目前世界上出生率最低的國家之一，2023 年達到了歷史最低點 0.97。與此同時，預期壽命提高，居民平均壽命為 83.5 年。出生率降低和壽命延長導致勞動力減少和老年撫養比提高，對社會保障系統造成壓力。

三、對醫療保健和社會服務影響

隨着人口老齡化，醫療保健服務的需求不斷增長，特別在慢性病管理方面。心臟病、糖尿病、癌症和認知障礙症等病症變得更加普遍，導致醫療保健成本增加，亦越來越需要長期護理，包括家庭護理和護理設施，以幫助長者日常生活。

社會服務也面臨壓力，因越來越多的長者需要經濟支援、社會參與和護理幫助。較少的勞動力支援較多的長者人口，對退休和養老金系統的可持續性造成挑戰。家庭成員經常承擔護理角色，增加經濟和情感壓力。此外，許多長者面臨社會孤立和孤獨，增加他們身心健康問題的風險。

Photo Credits: sweet_tomato/depositphotos.com

四、政策干預：「3 超越」框架

為應對人口老齡化，新加坡引入了「3 超越」框架，將醫療保健和社會服務的重點轉移：

- **超越醫院，進入社區：**因認識到對醫院的過度依賴，新加坡正在轉向社區為本的護理。這一轉變包括擴大綜合診所和增強家庭護理服務，以更適當地管理慢性病和長期護理需求。此外，開發社區為本的護理網路，整合醫療保健提供者和社會服務，使長者能夠在社區內接受全面護理。

- **超越品質，重視價值：**醫療保健成本上升需要關注價值驅動的護理。強調預防性健康措施，如篩查、疫苗接種和生活方式干預，以減少慢性病的發病率。正在探索新的護理模式，包括遠端醫療和遠端監測，以提高效率，同時賦予患者管理自己健康的能力。

- **超越醫療，以保健達致健康：**承認社會決定因素對健康的作用，通過鼓勵體育活動、社會參與和終身學習的舉措促進健康老齡化。支持護理人員和創建適老化環境，以確保長者保持活躍、聯繫和獨立，進一步增強長者的福祉。

五、「健康新加坡」（Healthier SG）：預防老齡化方法

「健康新加坡」（Healthier SG）是將醫療保健從反應性、治療為本的模式轉變為預防性模式的關鍵政策。通過與「健康 SG」醫生簽約，長者接受個性化的健康計劃，重點關注定期健康篩查、疫苗接種和改變生活方式。這些計劃強調慢性病的早期檢測和管理，幫助長者保持健康，減輕醫療保健服務的負擔。

該政策還通過專職團隊加強初級保健，以流動診所和家庭護理等服務，將醫療保健更接近社區。因認識到解決社會因素的重要性，使用社會處方將長者與促進社會福祉的社區資源和活動聯繫起來。

遠端醫療諮詢和國家電子健康記錄等技術，在「健康 SG」計劃中發揮核心作用，增強了醫療保健提供者之間的護理獲取和協調。

六、「健康老齡新加坡」（Age Well SG）：應對老齡化的全面策略

「健康老齡新加坡」（Age Well SG）是一個國家項目，支持長者在家庭和社區中健康老齡化。這一舉措集中在四個主要領域：

- **護理：**擴大社區護理服務，如家庭護理、認知障礙症護理和日間康復中心，幫助長者獨立生活，同時減少對醫院的依賴。

- **貢獻：**通過志願服務、跨代專案和終身學習，賦予長者保持活躍的權利，確保他們保持與社會聯繫。

- **聯繫：**社區為本的專案，包括交友服務和長者活動中心，提供社會支援，培養強大的社區網路，以對抗孤獨和隔離。

- **促進環境：**適老化的公共空間、交通和住房，考慮到無障礙設計，幫助長者安全獨立地探索周圍環境。

七、應對老齡化的系統化方法

新加坡採取了系統化方法應對老齡化，專注於整合醫療保健、強大的護理協調和社區參與。將醫療保健系統劃分為區域醫療網路，可以實現更好的資源配置和協調。如新加坡健康概念——「流動、保持和連結」，這樣的人口健康策略，確保不同護理環境之間的無縫過渡，並強調與社區合作夥伴的合作，支持長者返回家中。

「健康 SG」團隊和基於地點的護理舉措將醫療保健更接近長者居住的地方，使其更易於獲取和個性化。社會處方也認識到社會因素對健康結果的重大影響，將長者與促進整體福祉的社區資源聯繫起來。

八、結論

新加坡以系統化方法管理其老齡化人口反映了確保其老年公民福祉的積極承諾。通過專注於預防性護理、社區服務和協調的護理網路，新加坡期望提供一個讓長者可以優雅地老化，同時保持活躍和參與的環境。這些努力為其他面臨類似人口挑戰的國家提供了寶貴的範例，展示出綜合解決方案在解決人口老齡化複雜性方面的重要之處。

醫康養老新典範

馮康
香港中文大學醫院執行董事及行政總裁
香港中文大學賽馬會公共衞生
及基層醫療學院醫療管理學專業應用教授

2024 年 8 月舉行的第九屆黃金時代展覽暨高峰會上，我主持了一個題為「金齡健康——醫康養老新典範」的研討會。研討會邀請了新加坡保健集團李慶福副教授、香港中文大學黃仰山教授及老人科專科醫生葉偉民，一起探討醫療體系如何面對人口老齡化的挑戰。

有關人口老齡化的問題，是我們亞洲地區在急速經濟發展後共同面對的挑戰。人口急速老齡化，65 歲以上的人口比例甚至達到超過三分之一，大大增加社會保障壓力、醫療護理需求、長期護養需要、臨終照顧需要、社區照顧及照顧者負擔。亞洲地區除日本早已進入老齡化社會外，其他國家地區因為老齡化的速度來得快、幅度來得大，促成不少政策上的創新，足以互相學習。

新加坡人口老齡化的程度沒有香港那麼嚴重，但速度很快，政府反應的層次，可能是亞洲內最全面及完備的。根據李慶福副教授的介紹，新加坡衛生部在 2018 年首先訂下醫療體系發展三個主要策略：一、由醫院轉移到社區；二、由推動質量轉移到推動價值；三、由醫療護理轉向促進健康。跟着推出「健康新加坡」（Healthier SG）及「健康老齡新加坡」（Age Well SG）計劃。這三個策略和兩個計劃看來和香港沒有甚麼分別，但在政策策略上卻稍有不同。新加坡特別注重決定健康的社會因素，大力推動社會處方（Social Prescription）促進個人健康，以醫療聯網為基礎，整合社區資源，強化以地區為方位的綜合照顧模式（Place-Based Care, PBC）。

香港人口老齡化的嚴重問題，反映在黃仰山教授的講話中。黃教授是家庭醫學及公共衛生的專科醫生，他分享多篇有關香港老齡化醫療健康問題的研究，都是針對「老老」(80 歲以上)、「弱老」(Frailty)、患多種慢性病、不同程度的認知障礙、孤獨長者。這些研究帶出幾個重要信息：

(1) 要改善這群長者的醫療成效很困難，比較有效是針對多種慢性病的風險及由此帶來功能上和生活上的困難，從而介入。

(2) 高齡長者的健康狀況，可以透過綜合專業團隊，提供生理、心理及社交上的介入，從而得到改善。

(3) 以基層醫療為本的多重介入方式可以有效改善「弱老」的身體功能、健康指標、藥物需要、認知能力。

最後葉偉民醫生分享他在一個中產老齡社區如何建立一個照顧老齡長者健康的綜合服務模式。葉醫生建立的模式，有點像李教授提到在新加坡的 PBC，但完全以自付盈虧方式營運，沒有政府資助。他倡議在鄰里就地解決「看病難、買藥貴」的問題。「一病人，一站服務，一解決方案」！這一站服務包括疾病預防、綜合基層醫療服務、社區藥房、原地養老四條支柱。

綜合三位專家所言，隨着人口老齡化，解決長者的健康問題和醫療需求，醫療、康復、護理、養老幾方面必須綜合地和有系統地處理。新典範不單在服務提供方面，也必須包括融資及資源配置的安排；不單是政府公帑的資源分配，資助服務框架內的醫社結合，也必須考慮私營服務及商業保險的補充作用。

●從左至右分別為：香港中文大學醫院執行董事及行政總裁馮康、老人科專科醫生葉偉民、衞生署署長林文健、黃金時代基金會創會主席容蔡美碧、新加坡保健集團李慶福副教授、香港中文大學黃仰山教授。

從醫院到社區提升病人福祉：探索社會處方模式

李慶福
新保集團社區醫院副總裁（教育與社區合作部）

摘要：

本文將深入探討社會處方模式在病人從醫院到社區過渡期的應用，及其如何增強病人的福祉。社會處方模式通過整合社區服務和資源，為病人提供全面的支援，特別是在面對社會經濟差異的社區中。該模式有助於改善病人的健康，減少對緊急和住院治療的依賴，並提升社會健康決定因素。本文亦會進一步分析社會處方模式的實施過程、關鍵利益相關者的角色以及面臨的挑戰和機遇，同時探討如何通過擴展和深化社會處方模式來提升病人的福祉。

一、過渡期護理的挑戰

過渡期護理通常被理解為病患從一個醫療環境轉移到另一個或回家時，健康照護的協調和連續性。這通常涉及不同醫療環境下的醫療從業者之間的互動，因為病人狀況和照護需求在疾病過程中發生變化。但這種狹隘的生物醫學背景並不足夠，應該擴展到包括非正式照護者和社區合作夥伴，因為他們亦能提供服務和支援。過渡期護理是病人福祉的關鍵點，尤其在醫院到社區基礎護理的過渡期間，病人的福祉可能會受到顯著影響。過程中，病人或會遇到多種挑戰，包括醫療資訊斷層、社會支援缺失以及自我管理能力不足。

●留院社區醫院平均 21 天期間，為社會處方實踐者（也在社區醫院稱「樂活協調員」或 Wellbeing Coordinator）提供充足的時間評估健康決定因素。

二、社會處方模式

社會處方模式是一種創新方法，利用社區資源和服務支援病人在醫院外的福祉。該模式使醫療提供者能夠識別病人獨特的社會、情感和實際需求，然後將他們與量身訂製的社區專案和活動連結起來，從而滿足其需求。通過連結臨床環境和社區，社會處方模式有潛力改善病人的健康狀況，減少醫療利用，並增強整體福祉。此外，社會處方模式還強調個體參與和自我管理，這對提升病人的自我效能感和健康狀況至關重要。社會處方模式的實施需要考慮個體既多樣又複雜的特性，以及社區資源的可用和便利度。

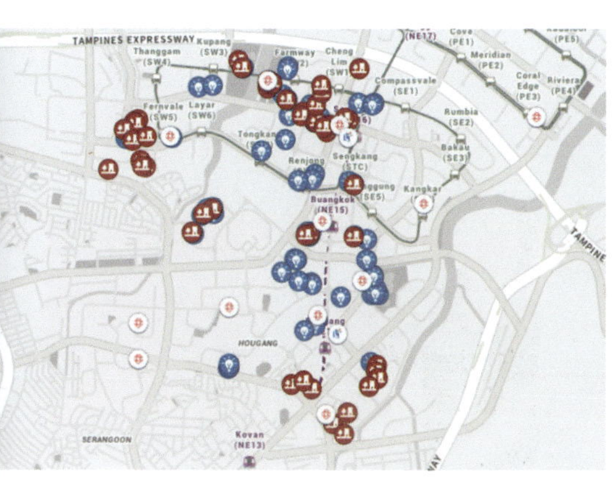

●與新加坡土地管理局(SLA)合作開發的Asset Map，樂活協調員及其他社會處方實踐者能便捷地標記在社區範圍內的豐富社區資源與活動。

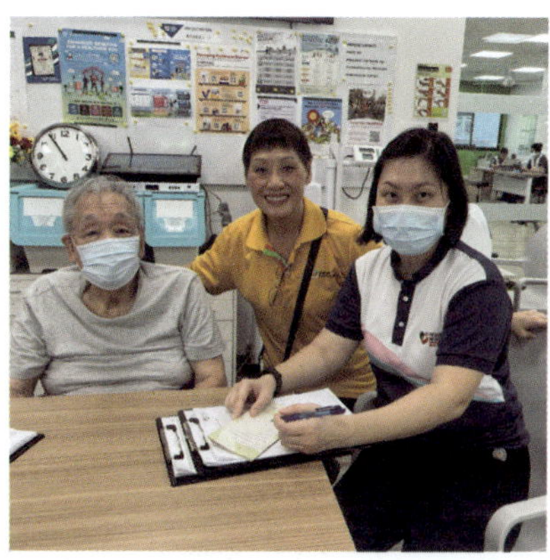

●樂活協調員是病患與社區的橋樑，時常通過社區轉介把出院病患轉介到社區資源。

三、社會處方模式的核心優勢

社會處方模式的核心優勢在於能夠解決未滿足的心理社會需求。病人在照顧轉換期間經常面臨焦慮、孤獨和對未來的不確定性等挑戰。與傳統醫療方法相比，社會處方將個體與多樣的社區資源連結起來，包括支援小組、友伴服務、社交活動和諮詢服務。這些連結有助緩解孤立感，提供必要的情感支援，並培養對維持心理健康十分重要的歸屬感。此外，社會處方模式還能夠幫助病人重建生活的意義和目標，這對他們的長期福祉和康復至關重要。此模式既個性化又靈活使其能夠適應不同病人的需求，從而提供更加精準和有效的支援。

●本地醫學教材也逐漸引入了健康決定因素，醫學生也對此題材深感興趣。醫學生以志願者身份做聯合家訪，實地學習。

四、社會處方模式的實施

實施社會處方模式依賴多方利益相關者的合作，這包括醫療專業人員、社會處方實踐者、社區組織、個體以及政府支援。通過建立一個強大的合作生態系統，社會處方模式能夠增強個體的能力，加強社區的韌性，並推動更全面的健康和福祉。實施過程中，需要考慮到當地文化和醫療體系特點，以確保社會處方模式能夠有效地適應和融入現有的健康照護框架。此外，持續評估和改進對於確保社會處方模式的有效性和可持續性至關重要。

● 新加坡社會處方實踐社群（Singapore Community of Practice in Social Prescribing）自 2023 年創辦，已吸引了超過 1,000 名會員。社群會員來自不同的領域，包括醫療、社區服務、學術界人士、政府官員、文物界人士及藝術界人士。

●持續培訓社區人員，全面並有效地推行社會處方模式的實施。

五、結論

社會處方模式填補了傳統治療方案的缺失，為病人提供了一種讓治療更全面的健康照顧方案，強調影響健康的社會關鍵因素（Social Determinants of Health）的重要性。這些因素包括人們生活、居住和工作的社區環境，也涉及體能活動、藝術項目、親近自然環境，以及心靈寄託如宗教信仰類的活動。它亦展示了在整體醫療模型中改善病人福祉的潛力。本文提供了一個有價值的框架，供其他醫療環境參考及實施類似項目，並強調了適應性和深入理解當地環境的必要。通過擴展社會處方模式的實踐和研究，我們可以更好地理解其對病人福祉的長期影響，並探索它於全球不同社區中的效用。未來研究應進一步探討如何優化社會處方模式的實施，以及如何通過政策和資金支持來加強其在健康照護系統中的地位。

智齡照顧實驗室——社會處方

盧素心
黃金時代基金會發展總監

「社會處方」是由醫療專業人員提供的非醫療性建議，並將有需要的服務使用者轉介到社區非臨床服務的方式，由社區義工團體或社區組織提供非藥物服務。透過調動社區的資源滿足服務使用者不同需求，支援服務使用者能更好自我控制健康。有證據顯示社會處方能提升服務使用者生活品質和身心健康，改善憂鬱、焦慮等問題。社會處方於英國、加拿大、澳洲、紐西蘭、新加坡、芬蘭、日本等國家已採納實施，一來可降低社會資源分配不均，二來是減緩國家的醫療負擔，從而提升公共健康的一種有效策略[1]。

「智齡照顧實驗室」運用智齡科技及義工提供非藥物介入

2019 冠狀病毒（COVID-19）第五波疫情於 2022 年初於全港院舍大規模肆虐，當時各院舍欠缺病毒測試套裝，未能及早識別受感染患者、及早隔離和醫治，引致數以千計院舍長者受到感染。有見及此，黃金時代基金會立即啟動第一期計劃（稱為「黃金時代『疫』風同行支援計劃」），為 34 間中小型私營院舍購置病毒測試套裝、引入智齡機械人「金醫生」及提供各種專業支援服務，協助院舍及早識別感染個案、提升疫情防控能力，並支援疫後復原。

疫情期間，院舍被封閉隔離，引致長者產生憂鬱、焦慮、認知能力下降等問題。黃金時代基金會於 2022 年 11 月展開第二期「智齡照顧實驗室」計劃（下稱「計劃」），旨在為四間中小型私營安老院舍提供更深入、更廣泛的支援，集中運用合適的智齡科技及義工服務提供非藥物介入，從而改善長者生活質素。「計劃」運用了智齡機械人「金醫生」、陪伴娃娃「金叵羅」、認知訓練和認知障礙症評估應用程式「金腦師」，以及跌倒偵測系統。

一、智齡機械人「金醫生」

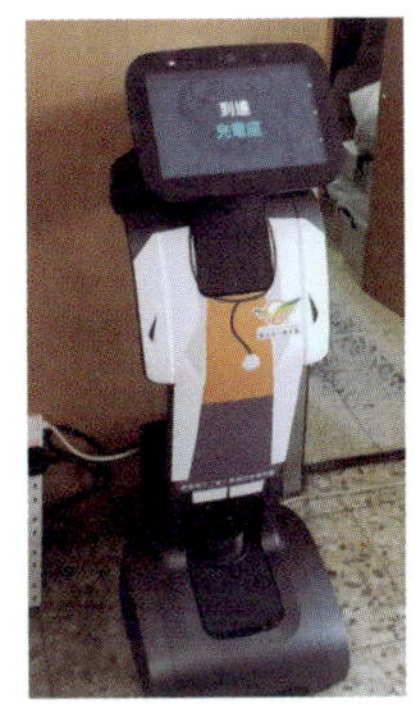

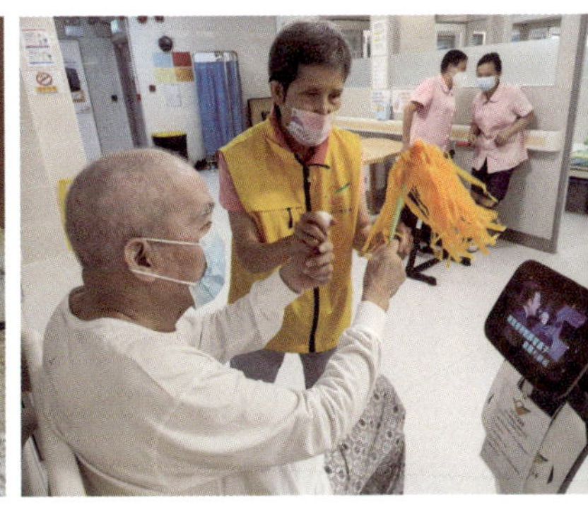

義工利用智齡機械人「金醫生」的視像通話和社交媒體功能，舉辦社交活動，例如新春拜年、健體運動、卡拉 OK 等，讓長者能更容易地與外界互動，從而減低其孤獨感。

二、陪伴娃娃「金叵羅」

義工透過使用仿真娃娃「金叵羅」為患有中度或嚴重認知障礙症長者提供情感支援和社交互動。長者與「金叵羅」互動可激發溫暖回憶，增強長者的情緒穩定性，並緩解其焦慮和孤獨感，亦促進他們與家屬朋友之間的交流。

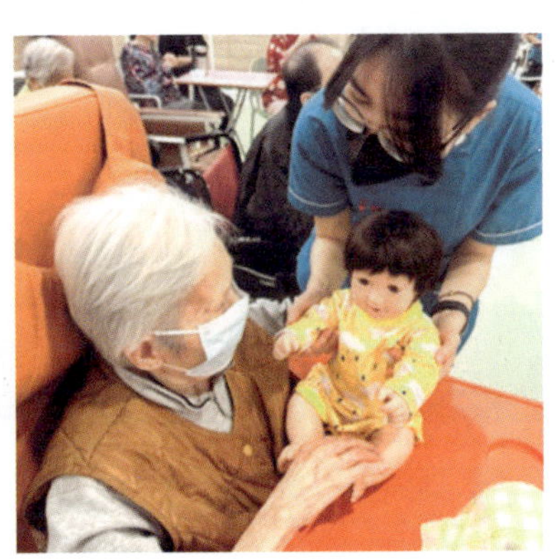

三、認知訓練和認知障礙症評估應用程式「金腦師」

應用程式「金腦師」，透過認知練遊戲軟件和活動，旨在刺激長者大腦功能，延緩長者認知能力下降。在義工協助下，「金腦師」提供的活動不僅變得有趣，長者與義工還能透過遊戲活動促進互相交流，幫助長者保持思維活躍。

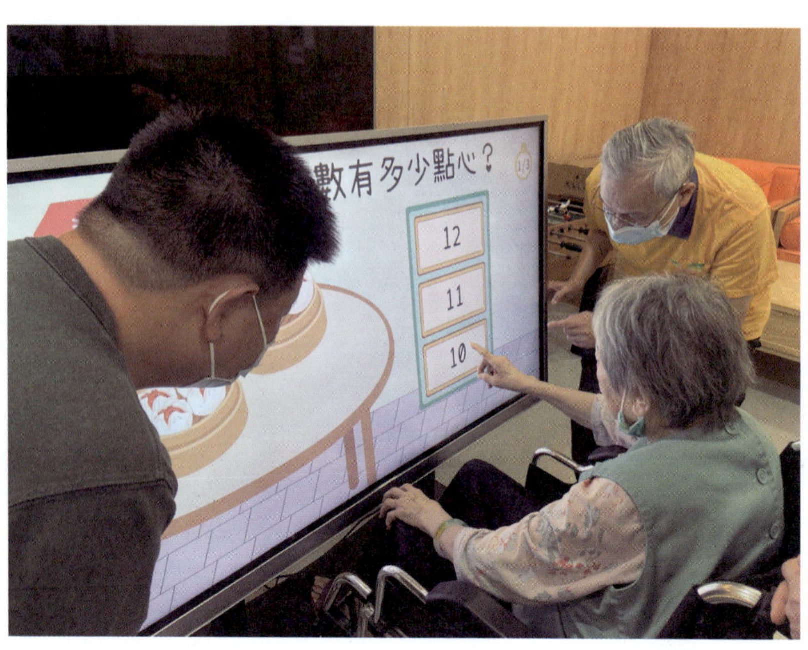

四、跨代義工團隊「黃金大使」及「小金醫生」

疫情給院舍長者的心理健康造成沉重打擊。因此，「計劃」除了運用智齡科技，更招募不同年齡層的義工，包括 20 名長者義工「黃金大使」和 37 名中小學生「小金醫生」，組成了跨代義工團隊。透過上述的智齡科技，義工團隊以跨代協作方式為院舍長者策劃活動，增強長者的認知和社交能力。為確保義工能夠有效地提供支援服務並理解長者的個人需要，整個計劃由專業人員為義工提供適切培訓，當中包括科技產品的應用、使用理念、與長者溝通的技巧、活動策劃技巧等。

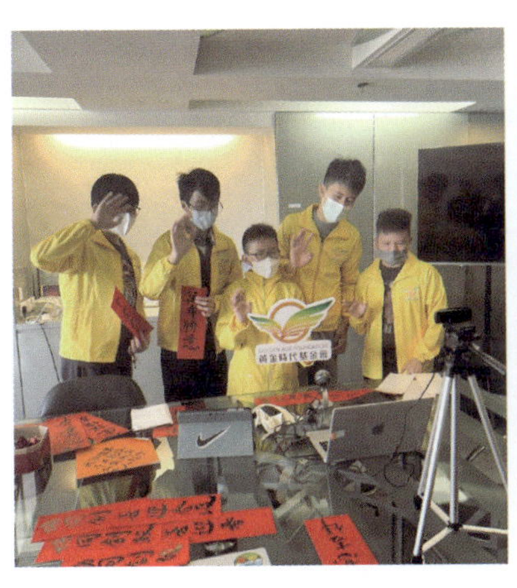

此外，香港明愛高等學院 24 名修讀「醫護高級文憑」的學生也參與了該計劃，作為其學分實習的一部分。基金會為他們提供實用培訓，讓他們在私營護老院實習，並支援上述智齡科技的使用，同時也拓寬了學生在護老院使用科技的視野。

在實施社會處方時，先由黃金時代基金會的專業團隊（包括社工、護士）評估長者的個人需求，確定他們在健康、情緒或實際生活中需要甚麼的支持。為使義工能掌握及有效地執行社會處方程序，專業團隊制定相關指引及流程，並先試行，再優化指引／流程；部分更製作短片，讓義工隨時可以翻看流程，加深義工的學習。專業團隊再根據長者個人評估的結果，為長者配對合適的科技產品（例如「金醫生」、「金叵羅」及「金腦師」）和義工團隊。最後評估義工服務的成效，確保服務對受助長者的福祉產生正面影響。義工服務不僅能夠幫助長者改善生活質素，還能促進社區的凝聚力和支持網絡的建立。

參考資料：

1 更多「社會處方」資訊請參閱：https://silverliningsglobal.com/uksocialprescribing/

「智齡照顧實驗室 2.0」獨立評估報告

劉喜寶
香港樹仁大學輔導及心理學系副教授

儘管疫情帶來前所未有的健康威脅，並為長者護理界造成巨大挑戰，但它也為本地安老院舍提供了機會，探索服務數碼化的新方法。然而，私營安老院舍要服務數碼化，常常面對人手短缺、護理人員與住院長者比例偏低、缺乏外界專業支援，以及無法接觸合適科技等困難。

於 2022-2023 年疫情期間，黃金時代基金會先後推出了「智齡照顧實驗室」1.0 及 2.0 計劃（詳情請參考前一篇文章，本書第 71 頁），其後委託香港樹仁大學研究團隊進行混合研究方法的全面評估。評估採用多層面、多持份者的方法，以揭示在私營安老院舍實施科技的因素和影響。評估亦特別着重探討義工和實習生作為「支援團隊」在科技實施中的影響，以及陪伴娃娃對認知障礙長者的成效。

計劃成效

我們透過問卷調查，了解院舍員工對「計劃」中採用的四種智齡科技的反饋。

一、智齡機械人「金醫生」

結果顯示 82.2%的員工對「金醫生」整體感到滿意。大部分員工對使用機械人的培訓和支援感到滿意，超過七成表示機械人改善了團隊溝通（71.2%）和協作（75.3%）。另外，69.9%的員工同意「金醫生」可以讓他們有更多時間處理其他工作，68.5%員工同意它提升了護理質素，因為機械人可以減輕員工的工作量。

二、陪伴娃娃「金叵羅」

85.2%的員工對「金叵羅」感到滿意，具體包括對培訓功能（85.7%）和提升護理質素（75.4%）的滿意度。超過八成的參與者認為陪伴娃娃有助於改善團隊（82.0%）和家人（80.3%）的溝通。至於長者方面，使用陪伴娃娃顯著減輕了抑鬱症狀，包括情緒症狀、滋擾性行為、生理症狀、週期性症狀和困擾想法。此外，陪伴娃娃有助減輕BPSD，員工報告的嚴重程度和困擾程度均有下降。

三、認知訓練應用程式「金腦師」

對於認知訓練應用程式，86.9%的員工感到滿意，包括對培訓（85.7%）、支援（83.0%）和提升護理質素（82.0%）都感滿意。超過四分之三的受訪者認為該系統有助於改善團隊（75.4%）和與家人（77.0%）的溝通。

四、跌倒偵測系統

82.0%的參與者整體感到滿意，具體滿意度分別為培訓（71.4%）、支援（78.7%）和提升護理質素（78.7%）。大多數受訪者認為該系統有助於改善團隊溝通（78.7%）及令家人更安心（80.3%）。

五、對義工和實習生的影響

調查和訪談「黃金大使」和「小金醫生」發現，該計劃讓他們更了解本地長者護理行業，以及科技如何有助於促進護老院長者的福祉。計劃還為他們提供了學習科技知識和利用創意為護老院長者設計合適活動的獨特機會。實習生也高度讚賞該計劃，因為它提供了實踐培訓，讓他們在現實環境中學習，拓寬了他們對長者護理的視野。他們見證了本地護老院面臨的挑戰，但同時學到了提供優質護理服務所需的寶貴技能和知識。調查顯示，他們對加入長者護理行業的興趣，在計劃前後有統計學上顯著的增加。

科技實施的助力和障礙

與護老院營運者的訪談和員工的調查中，我們發現在私營護老院成功實施新科技取決於多方面因素，既涉及護老院的內部環境，也關乎外部的經濟、科技供應商和監管系統。內部環境因素，例如科技與使用者和使用情境的吻合度、科技基礎設施（如院舍內的 Wi-Fi 系統）、科技與現有工作流程和護理模式的兼容性，以及管理層的支持和與前線員工的溝通，都會影響科技能否順利實施和持續使用。外部環境方面，護理質素的監管要求、找到擁有合適產品的供應商、資助機會帶來的誘因，以及減少人力成本的動力，都有助提高科技的使用程度。在整個過程中，黃金時代基金會的團隊扮演了重要的促進者角色，協助護老院連接所需的資源，包括合適的科技和人力（如義工、實習生、供應商），並提供專業支援。

結論

雖然科技可以幫助節省人手以投入更多人力到情感關懷的工作，並提升護理質素，但對於缺乏各種資源（人手、資金、基礎設施，以及獲取合適科技和支援的能力）的護老院來說，實施新科技通常是個充滿挑戰的過程。「智齡照顧實驗室 2.0」提供了在本地私營護老院實施智齡科技的實際案例。該計劃結合了新科技試用、義工計劃和由跨專業團隊提供專業支援。混合研究方法的評估證實，員工對科技的培訓和支援方面的滿意度很高。該計劃還為「金齡人士」和學生義工提供了與護老院長者交朋友的機會，也為學生提供了學習尖端護理科技的機會，從而加強了他們未來參與長者護理行業的興趣。該計劃展示了，成功實施最新科技需要一個包含多層面支持的生態系統：護老院內部的積極員工、作為連結輔助人手和科技資源的促進者，以及重視創新和優質護理的行業環境。該計劃為香港和其他面臨迫切數碼化優質長者護理需求的亞洲大都會，以及未來的智齡科技項目的發展和應用，奠定了堅實基礎。

健康金齡：如何維持心理健康的福祉

陳潔英博士
英國及中國香港註冊臨床心理學家

隨着全球人口老齡化加劇，長者心理健康問題日益引起社會關注。筆者有幸於第九屆黃金時代展覽暨高峰論壇上，探討長者心理健康議題。本文將探討並理解長者適應身、心、社各樣轉變的過程，並提出維持心理健康的有效策略。

踏入老年與心理健康的關係

許多長者面對身體機能下降或踏入退休生活後，常常會產生迷茫和焦慮。筆者輔導長者個案時，不斷聽到長者說

「年紀大，機器壞，周身骨痛，抑鬱都好正常」，甚或「退休之後有好多時間，唔知做咩好？」這些是許多長者的共同感受。再者，隨着年齡增長，身體機能下降和社交圈縮小，許多長者或會感到孤獨和失落，進一步影響心理健康。

但筆者認為，「年老絕對不等於抑鬱」。年齡的增長確實伴隨着一些生理和心理上的挑戰，例如記憶力衰退和身體疼痛，心情有起起伏伏都很正常，但這些並不必然導致抑鬱。相反，我們可幫助長者適應這些變化，提供更多支援的機會，當大家了解這一點，就有助減少長者對老年生活的焦慮。

影響長者心理健康的因素

一、生理因素

年齡增長自然會引起一些生理上的變化，例如骨質疏鬆、慢性疾病增加等。這些生理因素可能會影響情緒和心理狀態。對長者來說，身體的疼痛和不適會直接影響他們的心理健康，因此保持身體健康是維持良好心理健康的基礎。

二、心理因素

心理因素包括如何面對生活中的挑戰和變化。長者可能對自身的能力產生懷疑，這會導致焦慮和抑鬱情緒出現。例如，許多長者在面對社交圈子縮小，開始感到孤獨感時，可能會選擇退縮，而不是主動尋求幫助或更積極參加社交活動。這種略消極的心態有機會加劇心理健康問題，因為孤獨感往往是患抑鬱症的風險因素之一。

三、社交因素

隨着年齡的增長，社交圈往往會縮小，這使得長者面臨更多孤獨的挑戰。退休後，許多人失去了工作這一社交平台，難以找到新的社交機會。這種社交的缺失會導致情感支持減少，進而對心理健康產生負面影響。

四、環境因素

環境因素也會影響長者的心理健康。例如，近年很多長者面對子女移民的問題，這些變化也可能讓他們感到不安，感覺失去了後輩的支援。甚或疫情改變了某些長者的生活節奏，慣性留在家裏不出門，與社會慢慢脱節。所以，建立良好的社區支援體系和環境，能夠幫助長者更好地適應社會帶來的變化。

提升心理「免疫力」

面對年長所帶來的挑戰，如何提高心理「免疫力」成為了重要課題。以下是一些有效的策略：

一、身體活動的重要性

適度的運動不僅有助於增強身體健康，還能有效提升心理健康。研究顯示，運動能釋放內啡肽、多巴胺等。這些物質能夠提升情緒，減少焦慮和抑鬱。無論是散步、游泳還是瑜伽，保持活躍的生活方式對心理健康都有積極的影響。筆者建議定期參加運動，可以在改善身體狀態的同時，亦增強心理韌性。

二、身份認同的重建

年齡增長往往伴隨着身份的改變。退休後，許多人可能會失去工作帶來的身份認同，這會使他們感到迷失。長者應該尋找新的身份認同，例如投入參與家庭活動、社區義工服務等。對於有專業知識的長者們，也可以考慮成為師友，幫助年輕一代，為他們分享經驗，指點迷津，重新找到自我價值和存在感。

三、增強社交連結

社交連結是維持心理健康的重要因素。長者應主動尋求與家人、朋友的聯繫，參加社區活動，這樣可以減少孤獨感，增強情感支持。社交活動不僅能帶來快樂，還能幫助老年人建立新的友誼，提升生活質素。長者可以考慮透過興趣班，學習新事物，認識新朋友。

四、尋求專業支持

在面對心理健康問題時，尋求專業支持是非常重要的。心理諮詢和輔導可以幫助長者有效應對焦慮、抑鬱等情緒問題。通過專業的心理治療，長者亦能夠學會應對情緒的技巧，提升心理抗壓能力。

五、參與社區資源

社區資源的利用對於長者來説至關重要。許多社區提供各種支持服務和活動，例如地區康健中心舉辦的健康講座、長者中心安排的社交聚會、興趣班等。參加這些活動不僅能夠增加社交機會，還能提供心理支持和信息資源。

結語

年老不應該被視為抑鬱的代名詞，而是一個需要眾多適應的階段。透過適當的運動、身份認同的重建、增強社交連結、尋求專業支援和利用社區資源，長者仍可以有效維持心理健康，克服生活中的挑戰。讓我們共同努力，確保每位長者都能在健康和幸福中度過他們的黃金年華。

第 4 章
智齡科技發展和應用

Photo Credits: vectorlab/depositphotos.com

「香港智齡數碼生活研究」— 疫後長者使用數碼科技概況

劉喜寶
香港樹仁大學輔導及心理學系副教授

關耀祖
東華學院護理學院副院長（課程）及教授

方富輝
香港樹仁大學社會工作學系系主任及專業應用副教授

新冠疫情為世界各地帶來急劇的數碼化，各行各業紛紛發展網上服務，人與人之間亦趨向以即時通訊或線上會議軟件代替面對面接觸。可是，相比年輕人，長者於疫後社會接觸、學習及使用資訊科技方面仍見落後，形成一道「數碼鴻溝」。按 2024 年 6 月底政府統計處發布的資料，65 歲或以上人士擁有智能手機比例由 90.7% 輕微減至 88.0%，使用流動支付的比例亦只維持約五分之一（21.6%），似乎數碼科技於長者間的流通程度達到「樽頸」。有見及此，香港樹仁大學聯同東華學院、香港中文大學、香港大學、嶺南大學和香港科技大學進行「香港智齡數碼生活研究」以了解本港長者與不同年齡群之間使用資訊科技上的分別，從而為發展具針對性的社區數碼支援服務、促進安老服務數碼化，及年齡友善的智慧城市方案提供實證。

從三個研究項目探討「數碼鴻溝」

本計劃得到大學資助委員會院校發展計劃協作研究撥款，從 2023 年 1 月起進行為期三年、共六個混合方法、跨界別研究項目。至 2024 年中，研究已完成當中三個項目，包括一：24 節共 146 位長者參與的聚焦小組訪談；二：共 910 名受訪者參與的全港電話訪問，以及三：由 12 名安老及科技業界人士參與的聚焦小組訪談。本計劃利用四個層次，分別就資訊科技使用動機、接觸、熟練度及使用頻率，探討疫後長者與青年之間的「數碼鴻溝」。

至 2024 年中，團隊從三個研究項目歸納出四個主要結果：

（一）團隊以統計學方式將 910 名本地成人於資訊科技使用動機、接觸、熟練度及使用頻率歸納為三種數碼用戶類型——高階、進階及初階使用者。三種數碼用戶都認同資訊科技在日常生活中不可或缺，且在使用社交媒體方面，高階和進階使用者的熟練及使用程度相若。可是，只有少於六成的 55 歲或以上長者屬於高階使用者，而屬於此界別的 18 至 54 歲人士則達九成。另外，只有少於百分之一的 18 至 54 歲人士屬初階使用者，而此界別比例於 55 歲或以上組別有近百分之五，可見長者與青年間在數碼使用、熟練度、接觸、動機等仍有明顯差別。

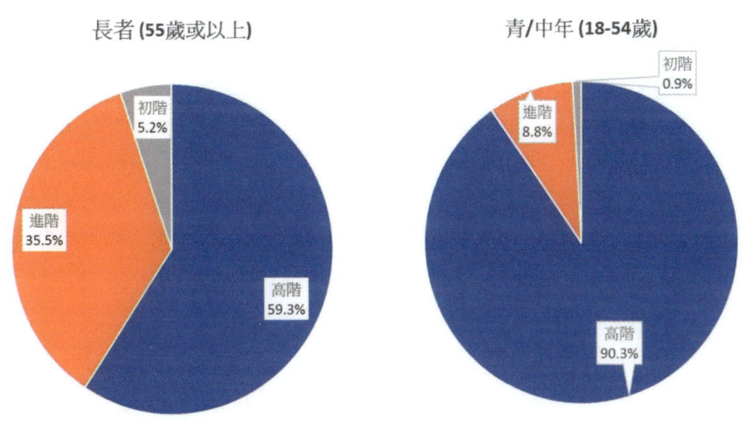

（二） 長者數碼使用者是很多元化的一群。55 歲或以上組別裏，高階使用者的社經狀況及全職工作比例明顯比進階及初階使用者高，而女性的比例於進階使用者裏是最高的。此情況亦見於 18 至 54 歲群體裏，可見於不論年齡層，資訊科技熟練及使用程度都受到社經因素所影響。在 55 歲或以上組別，相比初階使用者，高階使用者接觸社區資源的頻率更高、自評健康分數亦顯著較佳，可見「數碼鴻溝」不單只是使用資訊科技上的分別，對於長者的健康及社區資源接觸度亦有影響。

高階使用者

男士及在職比例、收入、學歷、自評健康及社區資源接觸都最高。

進階使用者

女士比例最高、其他個人、社經、健康特徵處於中等。

初階使用者

退休人士及年長者比例最高、收入、學歷、自評健康及社區資源都最低。

（三） 當遇上科技問題時，近八成長者會尋找家人幫助，五至七成長者會找同輩朋友協助。儘管疫情間不少社福機構得到資助去提供數碼支援服務予長者，如手機班、一對一手機診所等，只有少於兩成長者會尋求各類社區中心的協助。項目一和項目三的社區長者及專業人士聚焦小組都反映家人不一定是最有效的教學及求助途徑；社福機構透過連繫同輩長者以及提供有系統的課程，對於提升長者學習及使用資訊科技有着重要角色。

（四） 約七成長者表示對於私隱、資訊安全及網絡詐騙非常憂慮。從項目一和項目三的社區長者及專業人士聚焦小組都見不少受訪者表示因對於資訊安全及網上詐騙有憂慮，故不傾向使用理財、支付或網購應用程式，令此類應用及熟練度成為世代「數碼鴻溝」最嚴重之處。

對於社福、醫療、安老服務之建議

在預防及管理長期疾病方面，長者在使用資訊科技上落後於其他年齡層會限制他們接觸準確健康資訊，亦難以發揮不同數碼產品，如電子藥盒、血糖或血壓計、跌倒偵測器等在促進其健康上的裨益。在回應緊急醫療需要方面，遙距醫療、網上預約系統等可令長者診症的過程更便捷，避免過份依賴急症服務。此外，社福界可加強資訊科技於社工培訓的角色，將資訊科技融入教學及服務提供場景。隨着長者使用資訊科技的比例漸高，於未來智慧城市規劃裏可考慮優化大數據的應用，以便更精準地評估社福服務成效，令資源調撥更有效益。社會各界亦需要令長者更安心地使用網上服務，故仍需提升長者防騙及資訊安全知識。

* 本項目由大學資助委員會院校發展計劃協作研究撥款資助（UGC/IDS(C)15/H01/22）。

運用創新科技戰勝「老齡海嘯」

黃廣揚
物流及供應鏈多元技術研發中心（LSCM）行政總裁

「老齡海嘯」是個有點驚心動魄的名詞！香港目前確實正進入人口老化的加速期，預計在 2046 年每 10 位香港人就有 3 位超過 65 歲，我們可以「想像」是一大群老年人士，困在海灘，正面臨海嘯般的種種挑戰，其中包括醫療、心理健康（例如寂寞、孤獨感）、交通出行不便、家居安全等，而弱勢社群更要擔心住宿、食物等問題。

多年來，物流及供應鏈多元技術研發中心希望運用科技，提供持續和創新解決方案，減輕人口老化對社會的影響；然而，老年人面臨的挑戰仍極多，例如：隨着慢性病的患病速度增加，老年人面臨着更高的併發症風險，這使得複雜的照護管理變得更加困難。此外，孤獨和寂寞感的問題也日益顯著，許多老年人失去了社會連結，社區參與度降低，從而增加了憂鬱症的風險。在復康方面，許多老年人在受傷或患病後難以完全康復，並且難以適應輔助設備、恢復獨立。最後，加上社會環境的挑戰，如基礎設施不便、住屋和外出旅行選擇有限，以及缺乏老年友善的社區支持，進一步加劇了這些問題的複雜性。

針對疾病，特區政府正大力提倡「基層醫療」，香港目前共有 18 間長者健康中心，為 65 歲或以上長者提供預防性保健服務，實現全面醫療覆蓋。這些健康中心由衞生署、醫管局和私營醫療機構共同組成的基層醫療體系支持，基層醫療網絡遍布各區，方便市民就近就診。在服務重點上，這些中心特別重視長者和慢性病患者等高風險群體，提供常規疫苗接種和健康評估等預防性保健服務。此外，健康中心不但提供轉介服務，還建立長期的健康檔案，確保老年人的健康狀況得到有效跟進和管理。

在各疾病之中，對長者影響得特別嚴重的就是失智症；香港科技大學領導的研發隊伍進行研究，成功開發了用於早期檢測輕度認知障礙和阿爾茲海默症的血液測試，將對老人失智症的治療有極大幫助。另外，美國食物及藥物管理局全面批准一款治療阿爾茲海默症的新藥，這新藥能夠減緩患者病情的發展，是首款不只針對症狀控制的藥物；據筆者悉，還有很多類似的新藥正在等待審批，希望在不久的將來可以大幅度降低此病對老年人的影響。

疫苗接種也對老人家的健康發揮重要作用，政府每年為 60 歲以上的長者免費提供季節性流感疫苗接種，以預防流感及其相關併發症，保護高風險群體的健康。此外，65 歲以上的長者也可免費接種肺炎球菌疫苗。自 2021 年 2 月起，政府為所有香港居民提供免費的 COVID-19 疫苗接種服務，旨在加強長者群體的抗疫能力，降低感染的風險。

在家生活的老人家，尤其是獨居長者，穿戴設備是十分有用的科技支援，其中包括活動追蹤器、跌倒偵測感測器和生命體監測解決方案，可以為護理人員提供長者的即時健康數據和警報。此外，對行動不便的老人，外骨骼和先進的輪椅可以增強老年人的活動能力和獨立性，使他們可以更輕鬆、更安全地活動。

最後，「醫健通 +」平台是特區政府的「護老大計劃」，透過該平台的「e+ 藥物」功能，院舍可取得院友的電子處方藥物資料，從而減省人手抄寫工序，以及便利院舍跟進藥物派發和服用流程。這樣不單能提升工作效率，更重要的是使院舍的藥物監控加倍嚴謹，減低發生藥物事故的機會。本中心十分榮幸成為參與「e+ 藥物」的構建夥伴，有關工作正在積極進行中。

為了減低孤獨、寂寞感，對話式之人工智能聊天機械人可以與長者互動，提供陪伴、情緒支援和認知刺激，有助於減輕孤立和孤獨的感覺；而陪伴機械人可為老年人提供情

●對話式人工智能聊天機械人

感支援和互動體驗。這些機械人可以進行社交互動、提供陪伴，甚至協助完成日常任務。此外，虛擬實境（VR）技術可應用於創造身臨其境的體驗，將長者帶到不同的環境中，使他們能夠探索新的地方、參與社交活動並激發他們的思維。

復康方面，香港醫院管理局推出的 HA Go 平台，旨在為長者提供更便利的醫療服務。透過此遙距醫療服務平台，長者可以使用手機或平板電腦與專業醫生進行視像診症。醫生能遠程查看長者的症狀，並提供適當診斷和建議。此外，長者還可利用智能醫療裝置，如血壓計和體溫計，定期自我監測健康狀況，醫生則可遠程查看這些健康數據，並適時提供指導。

另外，由本中心開發的遠程復康訓練平台可實現遙距復健和物理治療課程。此方案可以改善老年患者獲得專門護理的機會，特別是那些行動不便或居住在較偏遠地區的患者。

而香港防癌會亦倡議為老年癌症患者提供全面的支持，包括癌症篩檢、病患導航、復健、安寧療護、社會心理支持、經濟援助和社區外展等。

Remote Consultation

Exercise Videos

●遠程復康訓練平台

由上述可見，香港政府及民間各界都在不同領域為樂齡人士進行大量的工作，而創新科技則為不可或缺的工具。相信以創新科技的日新月異，我們應該有足夠的「方舟」、載具，幫助他們安渡這「老齡海嘯」難關。

運用科技提供以人為本的創新支援方案和願景

劉巨基
香港大學李嘉誠醫學院助理院長（教學創新）
香港大學中風研究組主任

香港的人口老化問題日趨嚴重，很多慢性疾病亦見有年輕化趨勢，另外社會的貧富懸殊等問題，導致醫療及社會各界正面對各方面的挑戰和壓力。創新科技的發展為我們解決了很多生活上的困難，同時，科技與人性化服務之間取得平衡，成為社會各界關注的議題，更是為更多樂齡人士提供和提升服務及生活質素重要的一課。

是次黃金時代基金會所舉辦的「運用科技提供永續和創新方案」專題分享，邀請到物流界、數碼及科技創新界的管理層，分享如何利用人工智能和大數據等科技，實踐對樂齡人士的服務方案。大家分享了科技在各層面上的不同應用，例如有預防性方面，監測和預防長者跌倒的風險；診斷及掃描方面，以至復康方面，因疾病導致殘疾的長者，可以運用科技去輔助復康等。亦討論了如何整合不同的系統去結合大數據，令科技服務既個人化又全面地幫助患者。最終我們都是希望發掘如何提升患者和整個社會的生活質素，不單止在身體上可支援肢體動作的障礙，心靈健康上的關顧亦非常重要。

因此，在研發創新科技如何改善長者和患者的生活質素的同時，我們亦需從受患者的心靈和精神角度去了解他們各方面的需要。我經常跟同事和學生分享，除了醫治患者的疾病，更需要關心和了解他們的心理需要。服務長者和患者固然重要，我們亦不忘顧及照顧者的需要；照顧者的負擔也非常沉重，並可能忙於照顧患者而忽略了照顧自己。如果能體會兩者在生活上的負擔及情緒上的困擾，便可讓科技服務更「貼地」、貼心地得以實踐。

另外，很多人擔心會否因為科技而失去工作，或者某些行業會被科技取代。讓我們再次重申，科技是以一個輔助形式協助人類解決問題的工具，減低一些行業人士的工作量，例如減低醫療和醫護人員的負擔，以及舒緩院社人手和治療師短缺的壓力等。當整個社會各界攜手合作，在科技上建立良好的生態系統，改善長者和各種疾病患者的生活，以至減低社會負擔的效用，便會更進一步。

在科技應用發展急速的同時，我們亦重視服務以人為本，社會不同階層有着各種不同需要，在科技和人之間取得平衡成為科技研發者需考慮的因素。因此，研發者面臨的挑戰，正是讓兩者互相平衡並發揮最大功效。科技的研發是為了輔助人類，要令科技繼續邁進，並更完善地配合各行業、長者及患者所需，需要全民密切應用科技於生活中並提供意見，每人的一小步便能讓整體效益提升一大步。希望大家並肩合作，繼續研究更多創新科技方案及運用大數據，共同建立科技生態系統，為長者以至整個社區各階層有需要人士，創造出個人且全面化、兼顧身心的科技服務。

智慧社創：科技驅動的永續模式滿足社福界與照顧者的需求

蔡偉傑
數碼港智慧生活總監

香港正面臨一項重要的人口挑戰——老齡化問題。這對經濟、醫療和社會服務產生了深遠影響。隨着長者比例逐步上升，深入理解其影響及探索相關解決方案尤其重要。

長者人口通常需要更多的醫療服務，進一步增加對公共醫療系統的需求。醫院或診所面臨就診人數增加、等待時間延長及資源分配的挑戰，可能直接影響醫療服務質素。

此外，長者較易患上糖尿病、心臟病和失智等慢性疾病。這些慢性疾病為醫療提供者帶來了不少挑戰，迫使他們轉向預防保健和管理策略。因此，社區項目和倡議對於促進長者的社會聯繫和支持網絡非常關鍵。

為應對人口老化問題，「數碼港培育計劃」的成員希望在智慧生活領域作出貢獻。當中一些初創企業透過運用擴增實境和人工智能等先進技術，精準分析患者需求，並設計合適的活動和訓練方案。「腦動學」作為全港首創的智能認知訓練平台，由大蒜科技自主研發而成。該平台結合實物工具與平板電腦，為認知障礙症患者提供遙距訓練。

此外，「腦動學」還設有獨立的醫護人員及照顧者平台，使醫護人員能夠全面了解患者的狀況，從而制定相關訓練計劃。照顧者亦可透過該平台，隨時掌握患者的日常訓練進度，並安排相應的照顧計劃。人工智能系統能自動調整訓練內容，為患者提供更具針對性的服務，同時減輕醫護人員的工作壓力。

借助「腦動學」，越來越多的認知障礙症患者得以接受專業的認知訓練。大蒜科技致力於推動醫療與科技的融合，透過「腦動學」為樂齡業界提供可持續和創新的解決方案，以應對人口老化及醫護人員人手不足的挑戰。同時，大蒜科技與不同持份者保持緊密合作，為廣大市民提供更多優質產品和服務，共同攜手打造共融社會。

另一家由數碼港培育的社會企業 AESIR.hk 專注於長者遊戲科技的創新與應用，致力提升長者的生活質素與身心健康。該企業利用數碼科技設計了一系列針對長者的互動遊戲，不僅能夠為長者提供娛樂，並促進身體機能活躍和數碼社交互動，幫助長者保持活力，培養積極的心態。

透過參與黃金時代展覽暨高峰會，AESIR.hk 有機會接觸到更多長者服務機構，並與各方合作夥伴及友好的特殊學校共同策劃長者樂齡運動會。這項活動旨在鼓勵更多長者參與運動，強調運動對健康的重要性。運動會設計了多種適合不同能力人士的運動項目，並融入遊戲科技，

讓長者在輕鬆愉快的環境中享受運動的樂趣。

AESIR.hk 的努力不僅提升了長者的參與感和社交機會，也為社區帶來了更多的關愛和支持。透過創新和科技，AESIR.hk 希望改變社會對長者的看法，推動形成一個更友善和包容的共融社區，讓每位長者都能感受到尊重與關懷。

此外，有初創企業透過研發創新裝置，提升前線服務及協助了解長者的身體狀況。allcareAI 方案的理念是"all care can be AI enabled"。因自動化技術在社區尚未普及，許多長者在床邊使用便椅如廁時，需要照顧者頻繁進行清倒和消毒，不但佔用大量照顧者的時間，還容易導致交叉感染。

allcareAI 的智能防感染流動乾廁，能顯著簡化照護流程，減少與排泄物接觸，有助病房實現更有效的感染控制與效率提升。其專利一體式廁板便盆自動包裹系統，能在使用前自動無縫包裹廁所和便盆，使用後則自動更換新的坐墊便盆袋，並將排泄物封閉後掉入下方暫存格。此創新技術省卻了每次使用前後的清洗、消毒和清倒工序，節省高達八成的時間與精力，亦顯著降低厭惡感與細菌感染的風險。

香港的老齡化問題是一個多方面的挑戰，需要各持份者、企業和社區的共同努力。通過應對經濟、醫療和社會的影響，香港可以為長者創造一個支援性環境，確保他們作為社會的重要成員，能夠過着健康的生活。

數碼港作為香港數碼科技旗艦，一直推動智慧城市發展。我們會繼續發揮所長，並且鼓勵及協助初創企業於智慧生活繼續作出貢獻，為香港社區注入更強動力。

第 5 章
永續人才發展

Photo Credits: djv/depositphotos.com

「東華學院數碼精神健康轉化研究中心」— 應用數碼科技於長者概況

陳慧慈
東華學院校長
陳自強
東華學院人文學院院長及教授
關耀祖
東華學院護理學院副院長（課程）及教授
伍時豐
東華學院管理學院副教授
厲卓庭
東華學院研究中心助理項目經理
鍾偉聰
東華學院人文學院研究助理

香港正面臨嚴重的人口老化問題，而隨着人口逐漸老化，老年人的精神健康問題日益凸顯。根據 2022 年香港長者情緒健康電話訪問調查，許多老年人經歷孤獨和社會隔離，導致分別有 14% 和 12% 的長者出現嚴重的憂鬱和焦慮症狀[1]。建基於供不應求的長者服務，香港現今開始重視基層醫療，希望透過健康推廣、疾病預防、疾病管理及醫療支援促進市民的健康。有見及此，東華學院於 2024 年初成立香港首個「數碼精神健康轉化研究中心」，目標成為區內領先的數碼精神健康研究樞紐，中心致力匯聚來自不同領域的學者、業界夥伴和學生，透過實證為本的跨學科研究，促進數碼精神健康成果的轉化與應用，並把數碼科技在精神健康方面的最佳實踐推廣到社區。

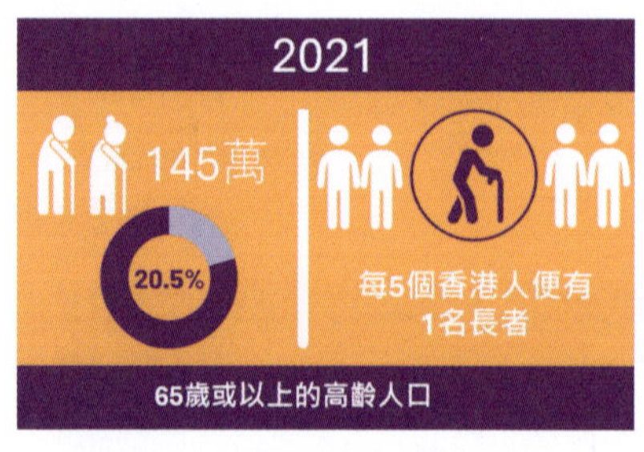

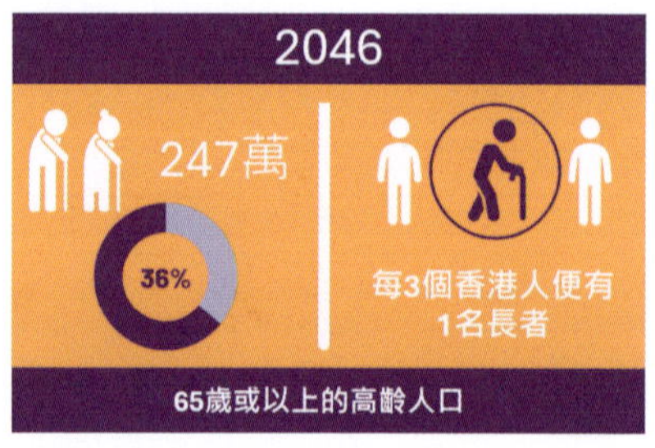

● 資料來源：政府統計處 (2023)[2]

本研究中心獲研究資助局「院校發展計劃研究基礎設施撥款」資助近 350 萬，從 2024 年 1 月起進行為其三年的轉化研究。轉化研究是一個將基礎科學研究成果轉化為實際應用的過程，而本計劃共有三個主要研究方向，包括：社交機械人科技，虛擬／延伸實境技術以及人工智能大使技術。至 2024 年末，研究計劃已舉辦多節研究研討會、講座、國際會議，並且已購入前沿科技器材，提升東華學院研究能力，於社區進行跨學術轉化研究及應用。本中心旨在彌合研究與實踐之間的鴻溝，開發針對性干預措施並改進診斷工具，改善長者對精神健康的認知及建立韌性。

●人工智能大使技術　●社交機械人科技　●虛擬／延伸實境技術

過往東華學院已應用科技器材於不同的社區計劃及研究，當中「數碼友伴：長者數碼共融」跨代計劃為期兩年，並於 2024 年 4 月正式完結。是次研究團隊招募了 157 位學院學生擔任青年義工（「數碼友伴」），為 1,065 位年齡介乎 60 至 91 歲的長者提供數碼培訓。透過使用計劃團隊提供的智能電話及當中設立的一站式網上學習平台，長者在「數碼友伴」青年義工的指導下，以小組形式進行為期三至六個月的培訓（一共 14 節，每節 1.5 小時），學習基本的數碼技能。網上學習平台載有 73 段有關數碼科技及精神健康的資訊短片，當中包含應用程式教學，自我管理策略教學和自我檢測工具。透過問卷調查發現，參加長者經過六個月介入後，精神健康指數（WHO-5）升幅達 11%（圖表 1），相反抑鬱指數（PHQ-9）跌幅則達 17%（圖表 2）。由此可見，此計劃有助提升長者數碼技能及素養，有效改善他們的精神健康。

東華學院現今亦正舉行為期 24 個月的「共融虛擬實境與長者精神健康」研究項目。計劃開發三個以「自然景觀」、「戶外休閒」及「懷舊」為主題的沉浸式虛擬實境（VR）裝置，由約 150 名受培訓青年義工帶領，已經為 220 位接受長期護理服務的殘疾長者提供六星期的 VR 體驗之旅，以改善院舍長者的精神健康及生活質素，並促進跨代共融。此計劃的 VR 裝置以廣東話製作，並注入濃厚的香港本土文化特色，是香港首個應用於精神健康治療、迎合本地長者文化而設計的 VR 裝置。現時的研究結果發現，沉浸式虛擬實境有效減少長者的憂鬱症狀、增強其感知到的社會支持，從而促進精神健康，並啟發沉浸式虛擬實境作為未來主要預防措施的潛力。

總括而言，東華學院數碼精神健康轉化研究中心以實證為基礎，採取預防優先和以人為本的方式，運用快速發展的

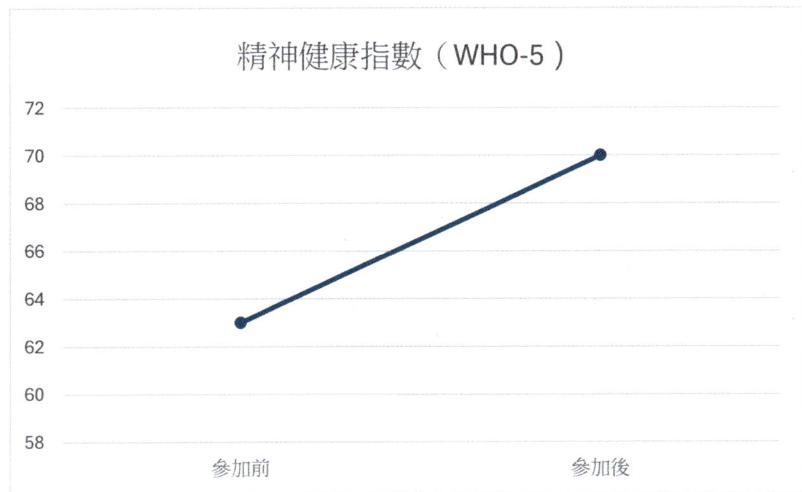

●圖表 1：參加長者的精神健康指數（WHO-5）變化。

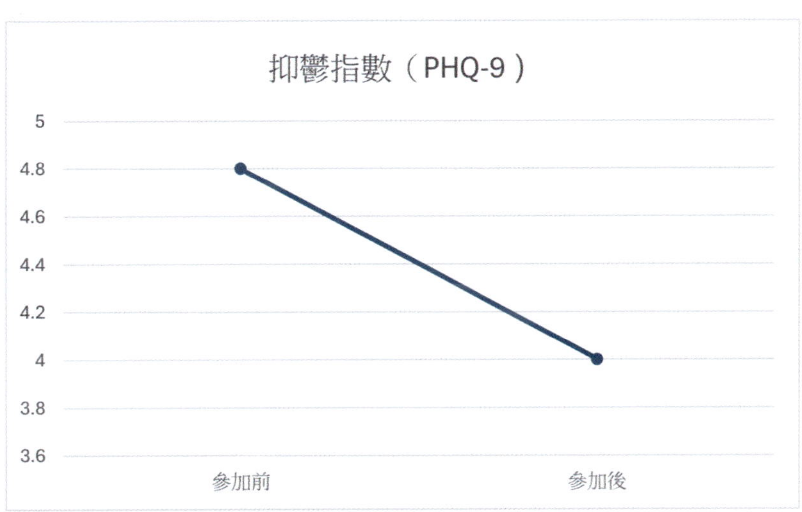

●圖表 2：參加長者的抑鬱指數（PHQ-9）變化。

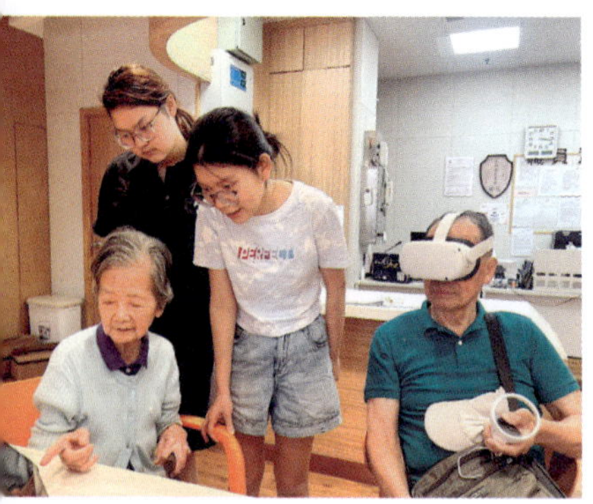

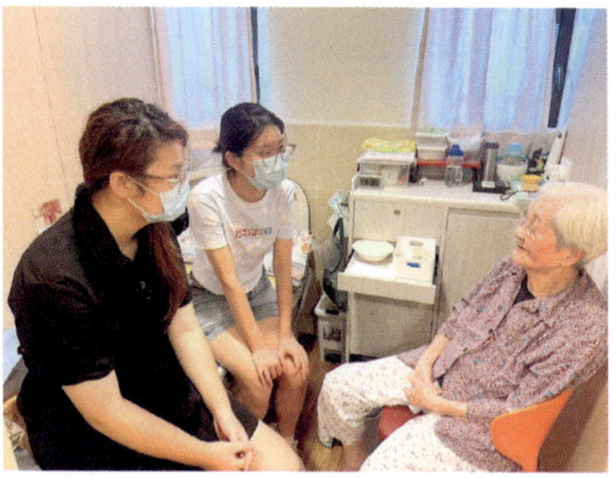

數碼科技，切實提升長者的心理健康、照護體驗及干預成效。來年，本研究中心將繼續致力與社區機構合作，推出更多數碼精神健康的措施和活動；另外亦會邀請國際數碼精神健康專家舉辦公開講座，並於研究中心網站（www.twctrcdmh.com）進行推廣，以提升公眾對精神健康的認知及於數碼科技的應用。

＊本項目由研究資助局 / 研資局資助（項目編號：UGC/IDS(R)17/23）。

參考資料：

1 賽馬會樂齡同行計劃團隊（香港大學研究團體及合作夥伴）（2022）。《第五波疫情下香港長者情緒健康電話訪問調查》。香港：香港賽馬會。

2 政府統計處（2023）。《2022 年至 2046 年香港人口推算》。香港：政府統計處。

醫療人才
永續發展計劃

麥偉基博士
香港專業教育學院（柴灣）健康及生命科學系系主任

根據政府醫務衞生局發表的「基層醫療健康藍圖」，香港將面對人口老化及醫療人手不足的問題。其中，最缺乏的是專職醫療人員，例如醫療化驗師、放射技師、物理治療師、職業治療師及牙齒衞生員等。有不少專職醫療人員指出，隨着本港醫療服務的發展，專職醫療服務需求不斷上升，他們的工作性質、工作要求及資歷水平亦有顯著改變。此外，各專職醫療服務亦面對人手短缺及招聘困難等問題。因此，我們應當改善及優化香港醫療人才發展。以下我提出四點意見：

第一，開辦更多課程以訓練更多專職醫療人員。例如，香港專業教育學院（柴灣）將會開辦中醫藥專業及營運高級文憑，以培訓更多學生協助中醫師管理中醫藥診所。我們亦開辦牙科衞生護理專業文憑，培養學生成為專業的牙科衞生員。此外，我們亦會開辦持續進修及在職訓練課程、研討會和工作坊，以幫助醫療人員提升專業能力。

同時，在計劃中的職業訓練局（VTC）茶果嶺新校舍，我們將設立專職醫療服務中心，以配合市場需求，培養學生成為多元化的專業醫療人員以提升服務水平，應對不同的疾病。我們亦會不斷開辦持續進修及在職訓練課程、研討會和工作坊，以幫助醫療人員提升他們的專業能力。

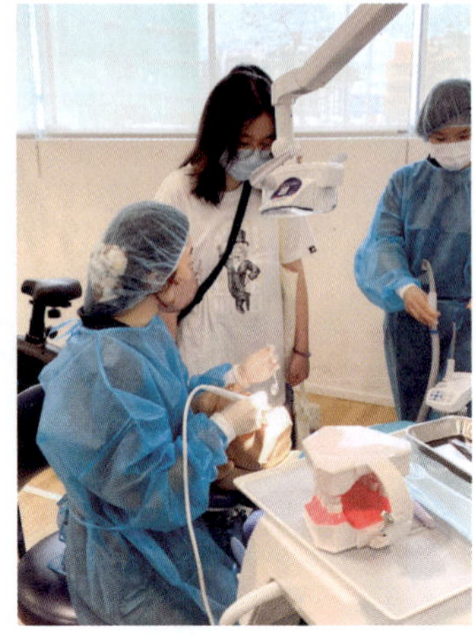

第二，鼓勵跨部門合作。健康問題通常都是綜合性的，需要不同專業背景的醫療人才共同合作解決。醫管局及業界可以進行跨學科合作，讓醫生、護士、藥劑師、社工等醫療人員能夠相互交流、分享經驗和知識，提供更全面和有效的醫療服務。

第三，提高醫療人才的工作滿意度和福利待遇。醫療人才的工作壓力大，工作滿意度和福利待遇對於他們的留任和發展非常重要。政府和醫療機構應該關注醫療人才的工作條件，提供適當的薪資、工時安排和休假福利，以吸引和留住優秀的醫療人才。

第四，鼓勵科學研究和創新。創新科技可協助專職醫療人員，以減少其工作負擔及增加醫療效率。政府和醫療機構應該提供資金和支持，鼓勵來自內地、香港及外國大學的醫療人才，在香港參與研究及創新項目，以推動健康護理的不斷進步和創新。

這些策略可以幫助及促進醫療人才永續發展，提升香港的醫療服務水平，以滿足人口的需求並確保他們得到適當的照顧和支持。香港專業教育學院將會協助業界及政府培訓更多醫療人才。

培育人才以滿足永續發展的需求

李頴芝
澳門聖若瑟大學經濟學助理教授

聖若瑟大學與永續發展

澳門聖若瑟大學（聖大）致力透過教育、研究、社區參與及營運，積極推動永續發展。聖大不僅專注為學生奠定扎實的學術基礎，也促進他們在個人和社會上的全面成長。為此，聖大的課程強調社會、經濟與環境的永續發展，現時大約 96% 的課程均涵蓋與永續發展目標（SDGs）相關的內容，為聯合國在 2030 年前達成目標的願景貢獻心力。

聖大連續第四年入選泰晤士高等教育（THE）影響力排名，這是全球高等教育機構中極具影響力的排名之一，專門評估大學在社會影響力及推動 SDGs 上的貢獻。在 2024 年，共有 125 個國家和地區的 2,152 所大學參與，比 2023 年增加了約 35%。聖大在十項 SDGs 中取得排名，包括：SDG 1（無貧窮）、SDG 3（良好健康與福祉）、SDG 4（優質教育）、SDG 5（性別平等）、SDG 8（體面工作和經濟增長）、SDG 10（減少不平等）、SDG 11（可持續城市及社區）、SDG 14（水下生物）、SDG 16（和平、正義與強大機構）及 SDG 17（促進目標實現的伙伴關係）。

特別值得注意的是，聖大在 SDG 4 方面為澳門表現最佳的院校，超過全球中位數；聖大在 SDG 5 上也展示了對公平、包容與平等機會的貢獻。在參與大學數量大幅增加的情況下，聖大依然穩居排名上半部，顯示大學不斷進步的決心，並反映了其對世界與教育帶來積極改變的承諾。

聖大積極推動永續發展目標。

●聖大與聯合國大學駐澳門研究所簽署諒解備忘錄。

學院配合大學積極推動永續發展

聖大商學及法律學院（商法院）亦致力在研究、課程及項目等融合 SDGs。當中的「永續商業系列」就是一個很好的例子。透過「永續商業系列」，商法院為公共和私營部門組織研討會和行政培訓課程，以提高大灣區的認知、促進合作並推動研究。

值得一提的是，商法院亦與其他學院合作無間，其中健康科學學院所關注的議題，如員工的精神健康和長者就業狀況，也是商法院共同研討的課題。

●聖大與澳門工會聯合總會聯合發布社會調查研究報告。

我在教學上的實踐與經驗

作為聖大商法院一員，我緊記培育永續人才的重要性。我早期的教學經驗是在社區大學的學習中心擔任數學、統計學等學科的同儕導師，其中不乏年紀較大，重返校園的學生。在社區大學，我也體驗了在老人中心的服務

●帶領工商管理系學生參與聯合國大學永續發展驅動商業研討會。

學習。這些經驗讓我明白到社區外展與培育永續人才是息息相關的。

要培育出關注社會議題並關心社區的人才，課內及課外教育需要相互配合。作為經濟學助理教授，我將 SDGs 融入我的教學中。例如，我的社區發展碩士課程涵蓋貧窮、不平等、人口增長、城市化、教育、健康、環境、經濟政策及公民和商業在社區發展中的作用。在課堂裏，我們會研究經濟發展與人口老化間的關係，我的教材探討出生率和死亡率的波動所引起的人口結構變化，以及從不同經濟發展階段的人口金字塔所得的觀察。而作為大學商學會導師，我亦透過與學生一起參加校外比賽及課外活動，讓不同年級的學生建立起更緊密的聯繫，使得校園生活更充實。

研究方面，我指導的論文題目有：「員工對強制公積金計劃的觀點」、「綠色金融科技的採用」及「勞動市場的性別不平等」等。研究這些論文題目的學生正正就是現在和未來社區發展的棟樑。而在政府、非牟利組織和私營機構等任職的畢業生，都能把這些 SDGs 的理念帶到社會不同領域中，甚或促成相關政策的制定。

總結

古典經濟增長模型聚焦於長遠的增長，其驅動力——「人力資本」是需要長時間所累積的。在各國齊心協力制定長期 SDGs 的同時，培育永續人才也應成為高等教育工作者的長遠目標。聖大商法院就是我能克盡己職的地方。

參考文獻：

1. University of Saint Joseph Macao. (2022, October). *Sustainable Development-driven Business Workshop in UNU.* https://www.usj.edu.mo/en/news/sustainable-development-driven-business-education/

2. 聖若瑟大學（2024 年 3 月）。< 可持續發展 >。https://www.usj.edu.mo/zh/ 可持續發展 /

3. 聖若瑟大學（2023 年 7 月）。< 聖若瑟大學與澳門工會聯合總會聯合發佈社會調查研究報告 >。https://www.usj.edu.mo/zh/news/usj-and-macau-federation-of-trade-unions-collaborate-to-advocate-for-improved-well-being-of-aging-population-2/

4. 聖若瑟大學（2021 年 3 月）。< 聯合國大學駐澳門研究所與聖若瑟大學簽訂合作備忘錄 >。https://www.usj.edu.mo/zh/news/ 聯合國大學駐澳門研究所與聖若瑟大學簽訂合作備 /

圖片來源：

澳門聖若瑟大學

以人形機械人支援醫護人員

施毅明
香港科技大學樂齡科學研究中心主任
香港科技大學電子及計算機工程學系教授

最近有多項研究發現基層醫療服務人員大部分的工作時間並非用於直接診治患者，而是耗費於行政事務，例如調閱和更新病歷紀錄、登錄資料、文書作業及處理患者轉介等[1-4]。如果可以減少基層醫療服務人員非直接診療的時間，醫療界不但能提升病患照護的品質，還能緩解醫護人員的職業倦怠（burnout）。緩解醫護人員的職業倦怠是保障民眾健康的關鍵因素[5]，如果他們能分配大部分工作時間直接診治患者，工作意志亦有可能提升。世界衛生組織早已指出提升醫護人員的工作意志是一項對於強化醫療界的極大投資[6-7]。研究顯示（Muthuri et al. 2020）醫護人員的工作量是影響他們工作意志的重要因素，而改善工作管理能有效提升醫護人員的工作意志。

我們在香港科技大學（科大）的研究團隊正致力開發一些可以支援醫護人員的人形機械人。我們希望這些機械人能接管重複性的工作，使醫護人員能專注於具實質意義的工作，例如建立醫患關係或直接診治病患。在開發過程中，我們與一間位於香港的機械人公司合作研發了一個人形機械人硬體，並與一所本地醫院進行需求分析和系統測試。科大在此合作中主要負責開發人工智能系統（AI），使機械人能執行指定工作。

醫護人員會經常進行入院評估等多種病患訪談，其中部分訪談內容具有高度重複性，例如對每位患者詢問的固定問題。若將此類標準化問診環節交由人形機械人執行，便可提升整體效率，使醫護人員能更專注地跟進個別病患的特殊狀況。人形機械人特別適合此類工作，因它們經常被視為具備社交能力、可信度及同理心[8-9]，可能使患者更願意分享資訊。相對於電子平板電腦等被動工具，人形機械人能透過對話釐清誤解，從而獲取更準確的資料。

儘管人形機械人有上述的優勢，我們在研究時亦面對諸多挑戰。人形機械人的外觀會誘發使用者培養人類式交談的期待，但人形機械人的交談一般會比較不自然。人類的言語交流不僅涉及緊密的對話交流，還包含簡短的反饋訊號（例如「噢」或「嗯」等）、插話及中斷對話等情況下產生的同時性發言。此外，人形機械人進行訪談時必須評估使用者的參與程度以調整應對方式。

為解決這些難題，我們開發了一個多層次的語音對話系統來管理人形機械人與人類受訪者之間的交談[10-11]。系統的底層主要處理自然對話的交流，而高層則根據人類參與程度管理訪談進度。此設計不但能改善人形機械人的回應時間，還能提升使用者對系統的整體印象。該對話系統運用最新的大型語言模型，以及其多層次的對話系統結構，將延伸大型語言模型的能力，超越一般聊天機械人的功能。

我們預計這類多層次對話系統和其他人工智能的進展將使人形機械人能更廣泛地執行醫療工作，例如公共教育、健康評估、遠距離協助、翻譯、謄錄、監測及巡邏等。隨着人形機械人可執行的工作種類增加，提升其自主性和適應力將變得更為重要，以確保人形機械人在人機協作團隊中能合作無間。我們展望未來的醫療界會有許多人機協作團隊，能並肩發揮人類和機械人各自的獨特優勢，更完善滿足病患需求、更有效管理醫護的工作量，並提升團隊士氣。

參考文獻：

1 SOTI. *Critical Technology for Critical Care: The State of Mobility in Healthcare 2020/21 Report.* https://www.soti.net/industries/healthcare/mobility-report/

2 Tai-Seale M, Olson CW, Li J, Chan AS, Morikawa C, Durbin M, Wang W, Luft HS. Electronic Health Record Logs Indicate That Physicians Split Time Evenly Between Seeing Patients And Desktop Medicine. *Health Aff (Millwood).* 2017 Apr 1;36(4):655-662. doi: 10.1377/hlthaff.2016.0811. PMID: 28373331; PMCID: PMC5546411.

3 Sinsky C, Colligan L, Li L, Prgomet M, Reynolds S, Goeders L, Westbrook J, Tutty M, Blike G. Allocation of Physician Time in Ambulatory Practice: A Time and Motion Study in 4 Specialties. *Ann Intern Med.* 2016 Dec 6;165(11):753-760. doi: 10.7326/M16-0961. Epub 2016 Sep 6. PMID: 27595430.

4 Bagheri Lankarani, K., Ghahramani, S., Roozitalab, M., Zakeri, M., Honarvar, B., & Kasraei, H. (2019). What do hospital doctors and nurses think wastes their time?. *SAGE open medicine,* 7, 2050312118813680. https://doi.org/10.1177/2050312118813680

5 Murthy VH. Confronting Health Worker Burnout and Well-Being. *N Engl J Med.* 2022 Aug 18;387(7):577-579. doi: 10.1056/NEJMp2207252. Epub 2022 Jul 13. PMID: 35830683.

6 World Health Organization. Health workforce Strengthening. *Sixty-Fourth World Health Assembly Resolution WHA 64.6.* WHO; Geneva, Switzerland: 2011.

7 World Health Organization. *Everybody's business: Strengthening health systems to improve health outcomes: WHO'S framework for action.* [(accessed on 2 Nov. 2021)]; Available online: https://www.who.int/healthsystems/strategy/everybodys_business.pdf.

8 E. Broadbent et al. Robots with Display Screens: A Robot with a More Humanlike Face Display Is Perceived To Have More Mind and a Better Personality, *PLOS ONE,* vol. 8, p. e72589, 8 2013.

9 M. Natarajan and M. Gombolay, "Effects of anthropomorphism and accountability on trust in human robot interaction," ACM/IEEE International Conference on Human-Robot Interaction, pp. 33–42, 3 2020.

10 Y. Shen, D. Liu, Y. Bang, H. S. Chan, R. Frieske, H. C. Chung, J. P. M. Nieles, T. Zhang, T. K. Pham, W. Y. R. Cheng, Y. Fang, Q. Chen, P. Fung, X. Ma, B. E. Shi, "A Dialogue System Architecture for Humanoid Robots Targeting Patient Interview Tasks," IEEE International Conference on Robot and Human Interactive Communication (RO-MAN), Pasadena, CA, USA, Aug. 2024.

11 Muthuri, R., Senkubuge, F., & Hongoro, C. (2020). Determinants of Motivation among Healthcare Workers in the East African Community between 2009-2019: A Systematic Review. *Healthcare (Basel, Switzerland)*, 8(2), 164. https://doi.org/10.3390/healthcare8020164

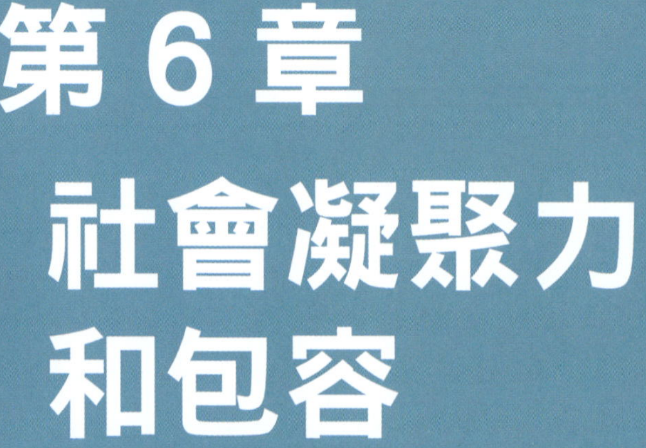

第 6 章
社會凝聚力和包容

Photo Credits: zuperia/depositphotos.com

創新「持續關懷退休社區」CCRC 模式更全面地服務香港長者

許慧敏
華懋集團康健護理總裁

隨着香港社會的老齡化問題日益嚴重，傳統的安老院舍模式已無法完全滿足逐漸增長的金齡市場需求。華懋集團秉持「以人為本」的理念，致力為社會帶來正面影響，共建一個跨代共融的社區。集團近年積極研究在北美、歐洲和中國內地越來越普及的「持續關懷退休社區」（Continuing Care Retirement Community, CCRC）概念，並希望作為私營企業在香港推動創新的方案，以更全面地服務長者。

突破傳統服務模式，樹立行業新標準

華懋集團目標是建立一個長者友善的社區，積極探討推出具「社區資源共享」及「開放式社區服務」特色的 CCRC 模式。計劃將院舍內的服務及設施對外開放，讓附近居民也能享用，提升資源利用效率，促進社區融合，增強鄰里互動和支持。同時強調在居家安老服務、長者住屋及安老院舍方面的創新與合作，提供安全、友好的居住環境，促進長者的社交互動與身心健康，並提供個性化的持續服務，讓長者在安全的環境中獲得最大自由度和尊嚴，進而推遲入住院舍的需求。

華懋提倡創新 CCRC 模式的四大核心特色：

1. 長者專屬的自然休憩空間

選址特別考慮毗鄰大型屋苑和社區商場，以方便長者的日常生活需求，包括購物、就醫和社交活動。同時更重視長者的身心健康，設計上預留充足的綠化帶，並在中央庭院內設置療癒花園和多層次的景觀步道，為長者提供了理想的自然健康空間。療癒花園充分利用大自然植物花卉，幫助減輕壓力和焦慮，並促進心理健康。多層次的景觀步道設計考慮到長者的需求，提供安全的步行路徑，鼓勵輕度身體活動，如散步和伸展運動。步道的無障礙設計確保所有長者，包括輪椅使用者，都能輕鬆進入和使用這些空間。此等自然休憩空間讓長者能夠在自然環境中獲得療癒，提升身心靈健康。

2. 安全與自由：專為認知障礙長者設計的護理環境

針對認知障礙問題日益普及，特別設置了認知障礙護理樓層，興建設有漫步環迴小徑的「智友善花園」，讓長者能夠在安全的環境中自由活動，享受自然的同時，減少焦慮感。個性化的護理服務專門針對認知障礙長者的需求，確

保他們獲得充分護理。室內設計採用懷舊風格，提供懷緬治療，提升熟悉感，減少長者對環境的陌生和不安，增強安全感。為了促進長者的身心健康，會提供各種活動，鼓勵長者參與，從中認識朋友，增強社交互動。透過樂齡科技的應用，提升長者的自由度，同時保障私隱，並在他們需要時提供即時支援。上述特別之處共同構成了一個理想的護理環境，讓認知障礙長者在安全、舒適的空間中生活。

3. 建立全齡社區服務樞紐

項目的服務對象不僅是院舍長者，還會為區內居民提供照顧外展服務，鼓勵長者居家安老，營造友善社區，打破市民對院舍的負面看法，讓大眾支持屋苑與院舍共存。多用途社區禮堂為長者提供學習和休閒場地，並舉辦健康講座和健康檢查，同時為照顧者提供培訓和支援服務，減輕照顧者壓力。方案期望開放院舍內的復康設施和日間護理中心，讓院友和區內居民使用，例如，院舍內的大堂可為有需要的長者提供健康膳食服務，進一步減輕照顧者的負擔。透過與院校合作，在院舍內提供培訓和實習機會，吸引更多年輕人投入安老行業。這些措施共同促進了社區的整體福祉，並為長者及其照顧者提供更完善的支援和服務。

4. 共建和諧，推動跨代共融

為鼓勵長者多外出活動，院舍設有天橋連接商場，商場天台將同時打造成空中花園，供年輕人、小朋友和區內市民使用，促進跨代共融。為了讓院舍長者與外界更好地接觸和交流，院舍內設有對外開放的長者咖啡室和小賣部，並由院友擔任服務人員，提升長者的生活意義和社交活動。這些設施不僅為長者帶來歡樂，也為區內市民提供了與長者相處的機會，培養同理心和包容心，共建一個多代共融的社區環境，讓長者能在充滿活力和關愛的氛圍中生活。

總結來說，華懋集團希望通過具「社區資源共享」及「開放式社區服務」特色的 CCRC 模式，為香港的長者提供一個安全、友好且充滿活力的生活環境，促進社區交流和跨代共融。這一創新方案不僅能夠滿足長者的多樣化需求，更能為社會帶來正面的影響，推動香港安老服務的發展。

● 華懋集團康健護理總裁許慧敏出席第九屆黃金時代展覽暨高峰會。

跨界推動居家安老
共築幸福宜居社區

吳家雯
香港房屋協會社區及長者服務總監

香港人口持續高齡化，根據政府統計處推算，本港 65 歲或以上人口佔整體人口比例，將由 2021 年約 21%，飆升至 2046 年約 36%，屆時每三個人之中會有超過一人為年長人士；同期，年齡中位數將由 47.3 歲大幅上升至 55.5 歲，意味着未來 20 多年，人口高齡化挑戰愈加嚴峻[1]。另外，有研究顯示，大部分長者希望在熟悉的生活環境中養老[2]，如何實踐居家安老，成為當下刻不容緩的議題。

一個理想的長者友善社區，應利於年長人士「儲健康、儲朋友、儲興趣」。換言之，長者的住屋需求並不限於提供安身居所，他們的身心和社區支援應得到全面照顧。香港房屋協會擔當香港「房屋實驗室」的角色，致力推廣樂齡家居、居家安老的理念，並於不同的房屋發展項目中實踐。

在公共屋邨方面，早於 1970 年代末建成的出租屋邨祖堯邨已設有年長者居住單位。邨內設施貼合長者需要，其錯層式建築設計不單有助促進鄰里關係，更饒富人情味。目前，房協轄下共有 21 個出租屋邨，當中已有超過三分之一（近 2.7 萬人）的住戶為 65 歲或以上。為此，房協設立跨專業團隊「房協友里」，由社工、職業治療師和服務主任等人士組成，透過個案管理、治療小組和活動等，為屋邨住戶提供居家安老支援。

「房協友里」團隊因應居民特色和需要，構建主題式互助支援網絡，加強居民在個人、鄰里和社區層面的聯繫。2023/2024 年度，團隊為全部出租屋邨內 32,600 個單位提供支援，當中包括 912 個年長者居住單位，另組織超過 330 場活動聯繫居民。此種屋邨為本的跨專業運作模式，有助促使不同層面的服務發揮協同效應，建立社會資本，支援長者居家安老。

現時，房協的社區及長者服務關顧不同年長人士的需要。其中「長者安居樂」住屋計劃和「雋悅」房屋項目分別為中產和經濟能力較高的長者而設，合共提供 1,476 個單位，提供「終身租住」或短租居所。除在樓宇設施上引入先進的長者友善設計外，項目配備專業醫護、休閒健體設施以至提供一站式照顧的安老院舍，使長者在安全無憂、自主健康的環境中安享晚年。

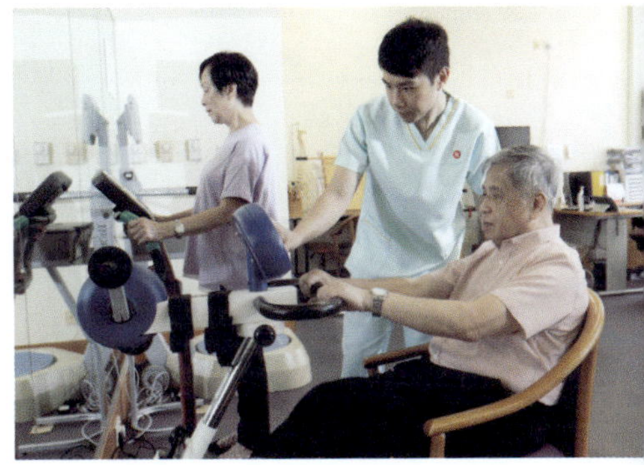

隨着醫療和科技進步，各地紛紛利用樂齡科技，應對人口高齡化挑戰。然而，科技的應用未必完全對焦長者所需，容易出現使用者體驗欠佳、產品供求失衡的情況。

有見及此，房協率先引入流行於歐美的「生活實驗室」概念，並在 2022 年於房協長者安居資源中心成立「樂活安居生活實驗室」，以「共創」（Co-creation）模式，推動業界、學術界、用家和非政府機構等持份者合作，研發更貼地、實用的樂齡科技應用。

有別於以往單向式服務，房協創立的生活實驗室是個多面向、聯繫跨界別的服務平台，為香港首個且目前唯一於歐洲生活實驗室網絡（ENoLL）認證的生活實驗室。其特點是由用家角度出發，鼓勵使用者參與產品構思、試驗等各階段。除了邀請年長居民在生活環境中測試產品，房協長者安居資源中心更設有共創項目測試區，作為產品開發及試驗基地，以便於真實生活情境中，進行體驗構思、原型設計、開發測試及完善解決方案，長遠有助香港拓展銀髮產業。

房協一直持續創新，在發展長者房屋上更不斷引入前瞻思維，期望將自主健康（Health）、安全放心（Security）和樂齡躍動（Participation）三大核心價值付諸實踐，促進長者身、心、社全方位發展。但香港地少人多，建築空間有限，要全力提量又提質，達致房屋政策目標殊不容易。根據房協過往經驗，在居家安老方面，若能有效地聯繫跨界別協作，將資源和專業人才集中，挑戰亦可成為機遇。

●香港房屋協會社區及長者服務總監吳家雯

舉例來説，政府訂立以居民為本的「幸福設計」指引，作為新建公營房屋及屋邨翻新的參考和設計依據，當中多項幸福概念，如「樂齡安居」、「跨代共融」等，房協亦已將有關理念落實於房屋規劃及服務中。若有關經驗能推廣至社會，為更多房屋項目甚至私人屋苑作示範作用，以至推動政府、地產發展商、社福機構、專業人士和社區人士等攜手參與，定能促進長者的健康生活與福祉，共建一個讓長者安心、家人放心的宜居社區。

參考資料：

1 政府統計處（2023 年 10 月）。《香港統計月刊》，〈2022 年至 2046 年香港人口推算〉。https://www.censtatd.gov.hk/en/data/stat_report/product/FA100061/att/B72310FA2023XXXXB0100.pdf

2 Chiu, Rebecca. (2015). *A comprehensive study on housing in an ageing community*; Lum, Terry. (2015). *Interim report: Longitudinal study on rental housing estates for ageing in place scheme*; Sun Y., Ng M.K., Chao T.S., He S., Mok S.H. *The impact of place attachment on well-being for older people in high-density urban environment: A qualitative study.* J. Aging Soc. Policy. 2022;36:246–261.

連結跨代
共享心理健康

朱楊珀瑜
亞洲區家庭研究聯盟（CIFA）主席

彭子雋
香港仔坊會社會服務服務總監

家庭健康對個人身體、精神、以致心理健康具深厚影響，而家庭在社會結構中亦扮演着至關重要的角色。香港整體人口變化趨勢明顯，隨着平均壽命上升至超過 85 歲，老年人口比例逐漸增加，導致越來越多的家庭需要照顧老年家庭成員，同時更多三代家庭、多代同堂的趨勢，香港社會亦正步入同時存在着多個不同年齡層次人群的「多代社會」，這種社會結構正正凸顯出不同世代之間互相支持、體諒和合作的需要，可見跨代服務變得越來越重要，以及推動代際服務並支援不同結構的家庭上的急切性。

亞洲區家庭研究聯盟（CIFA）

亞洲區家庭研究聯盟（CIFA）是一個亞洲地區組織，提供跨專業協作平台，最終目標為強化區內家庭功能，促進家庭健康，並於人際互動關係科學的知識方面，為國際社會作出貢獻。和富亞洲傑出家庭工作計劃，是 CIFA 的標誌性活動，以「追求創新、應用實踐、持續發展」（ASIA）為口號，旨在嘉許具創意的家庭工作手法或模式，俾能倡導、提升或改善亞洲家庭生活質素及功能。香港仔坊會社會服務尚融坊林基業中心所推行「賽馬會『連 · 齡』跨代共融社區計劃」於 2020 年獲得該計劃的銅獎，表揚其成效以外，亦藉此分享推展跨代家庭、跨代關係工作上的心得，計劃與香港大學秀圃老年研究中心合作，以實證為本（Evidence-based）的方式，探索代際互動最佳模式的應用性及了解不同服務對參加者的成效，並透過應用「代際互動最佳模式」（Optimal Quality Intergenerational Interaction）進行不同跨代連結的服務，要點正如下：

跨代體驗．互相理解

計劃其中一個重點活動，就是「越時空之旅」（Time Travel）——一個穿越時空的互動歷程。參加者於 120 分鐘的時空旅程中穿戴「高齡裝備」，將身體機能限制在長者水平，體驗長者身體上的退化，和在日常生活上各種生、心理上的遭遇，反思對長者的觀感，重新認識身邊長者。而長者亦會於活動中成為義工或帶領者，讓人體驗長者不一樣的能力。

跨代義工．互相欣賞

計劃讓不同年齡層的人士發揮所長，成為不同活動中的導師及義工，如讓熟習科技應用的青年人成為長者手機和電腦操作班的義工，或讓長者義工成為兒童故事演説家等等，大部分都是一對一的配對，建立第一身的互動與相處，讓彼此以正面體驗去打破對不同年代、年齡層的歧見或刻板印象，加強代與代之間的互相欣賞。

跨代學習．互相合作

計劃其中一個重點部分，招募了不同的兩代人，進行不同的主題學習，並透過不同的活動去學習一個大家原來都不熟悉的主題，建立一個開放、包容的家庭環境，除了學習上的得着外，亦製造了一個平台、一個機會讓兩代人去互相學習、互相欣賞、互相支援。於不同的小組「功課」上，更能體現跨代連結、互相補足，場面總是樂也融融。

跨代服務不僅包括對不同年齡段人群的服務，還包括促進不同代之間的交流和溝通，幫助家庭成員更好地理解和支持彼此。整體計劃完滿結束後，最重要的是我們發現參加者的幸福感提升了，亦即是，跨代結連，或許一開始會困難重重，或是不得其法，但我們仍相信「長者見證我們的過去，兒童讓我們透視未來。透過跨齡社區計劃，過去與未來相遇、揉合、迸發異彩」。

● 亞洲區家庭研究聯盟（CIFA）主席朱楊珀瑜（左二）參與「第九屆黃金時代展覽暨高峰會」。

【平安五寶】及早做好生前身後事規劃輕鬆為未來做好準備

伍桂麟

「平安五寶中心」創辦人
「一切從簡」殯儀社企創辦人
美國預設照顧計劃輔導員
香港人道年獎（2020）
香港十大傑出青年（2019）

黎曉洋

香港執業律師
英格蘭和威爾士非執業律師
「平安五寶中心」共同創辦人
「遺善最樂 ForeverGift.hk」社企共同創辦人及執行總監

「平安五寶中心」是香港首個貫穿生前身後事規劃的專業服務，透過安排律師、醫生及禮儀師，為市民一站式辦理遺囑（平安紙）、持久授權書、預設醫療指示、身後事規劃及生命故事。

我們為社福機構和公眾舉辦講座，並且協助不同階層的市民輕鬆規劃人生，為自己和親友的未來做好準備。為長者、長期病患者、末期病患者等辦理平安五寶，致力於本港推動生前身後事規劃普及化。

一、遺囑（平安紙）——遺產分配，自己話事

在你百年歸老後，遺囑（又稱平安紙）可把你一生累積的財產，按照你的意願分配給重要的人或機構，遺愛人間。如果生前沒有訂立遺囑，遺產須依照法定的次序及份額分配，因此你關心的人未必得到如你所願的分配，親屬之間亦可能因為申請的安排而爭執。

遺囑雖然可自行訂立，但由律師代辦最為穩妥。律師可根據你的情況，為你度身訂造一份適合你的遺囑，並且擔任你的見證人，減低日後親友爭執風險。簽立遺囑時，你必

須神智清晰，若年事已高、曾中風、患有認知障礙症或其他影響精神狀況的疾病，律師可能會要求你在簽署遺囑的同一日，由一名註冊西醫確立精神狀況為清醒並且適合訂立遺囑，以大幅減少日後爭拗的可能。

二、持久授權書 ——
人在病床，錢不用鎖死在銀行

本港老齡化現象日趨嚴重，如果病重而變得神志不清、中風昏迷或患上認知障礙症，而失去精神行為能力，法律上你便不能處理自己的財務事項。訂立持久授權書，可讓預先選擇的親友代為處理你的財務事項，大大減輕親友在照顧你時所面對的財政困難及煩惱，亦避免展開昂貴及複雜的法律程序。

持久授權書必須在一名註冊醫生和一名律師面前簽署。註冊西醫須為你進行專業評估，以確認你具有相關的精神行為能力。選擇醫生時，可以考慮老人科或精神科專科醫生，以提供適切的精神行為能力評估，大大減低日後可能發生的爭議。此外，向律師尋求諮詢亦非常重要，律師可根據你的意願，為你在持久授權書加入有關物業逆按揭的權力、限制受權人的權力、容許受權人得到報酬、用你的資產去照顧你的其他家人等等。

三、預設醫療指示——有尊嚴地走完人生最後一程

預設醫療指示是一份有法律效力的文書，須透過註冊西醫訂立，讓醫護人員清楚你的意願，盡量減低親友之間的分歧，同時減少家人的道德壓力、心理負擔和遺憾，讓你以較舒適平和的方式，有尊嚴地走完生命最後一程。

根據《維持生命治療的預作決定條例》，在你罹患末期疾病，僅得數月或更短的預期壽命、處於持續性植物人狀態或陷入不可逆轉昏迷，或罹患其他晚期不可逆轉的壽命受限疾病時，醫護人員可依照你訂立的指示，不再對你進行無效、無意義的維持生命治療，例如心肺復甦法、人工輔助呼吸、使用血液製品、心臟起搏器及強心藥、化學治療或透析治療、在感染可能致命的疾病時給予抗生素，以及人工供給營養和以導管餵飼食物及水分等。

四、身後事規劃——喪葬意願，講清講楚

在禮儀師的協助下，親自或與家人一起選擇及記錄自己在身後事安排上的意願及細節，例如出殯地點、宗教儀式、

棺木選擇、安葬方式、遺物整理等。好讓家人在你離世時，按照你的想法辦理後事，保障你的意願及「一路好走」的權利。

若先人在離世前沒有交代好身後事安排的細節事宜，其親友往往容易因着各人宗教信仰或價值觀不同，在喪葬安排上因意見不合而產生爭拗。如你在健在時，預先規劃好身後事，就能減少不必要的爭執與遺憾。

五、生命故事 ——
記錄你的人生足跡

對很多人來說，人生當中最大的遺憾莫過於在自己臨終時來不及與至親好好道謝、道愛、道歉、道諒及道別。平日難以啟齒的一些想法，或許換個方式表達，仍可傳遞到親人心中。為自己設計一個獨一無二的「生前告別禮」，大至舉辦一場生前喪禮，小至寫一篇暖心的文字，也可選擇製作「生命回顧短片」或安排專業攝影師為你和家人拍攝照片，留下倩影，並收集過去的照片，一併創作這本獨一無二的「生命紀錄冊」，送給家人作禮物。

就趁自己還健在時，好好記錄人生足跡，回顧生命故事，抓緊機會向至親表達或記錄心中所想，思考人與人的連繫與在世的幸福，學習珍惜眼前人，「從死看生，活在當下」。

了解更多：

平安五寶中心
人一世有限公司
地址：香港銅鑼灣禮頓道 26 號凱基商業大廈 13 樓全層
（禮頓中心對面）
聯絡電話：6906 5340
網站：www.fiveblessings.hk

- 《S+ Summit cum Expo 從死看生 @ 人一世》
（社聯頻道 14/03/2024）
https://www.youtube.com/watch?v=2-MmylqbcuY

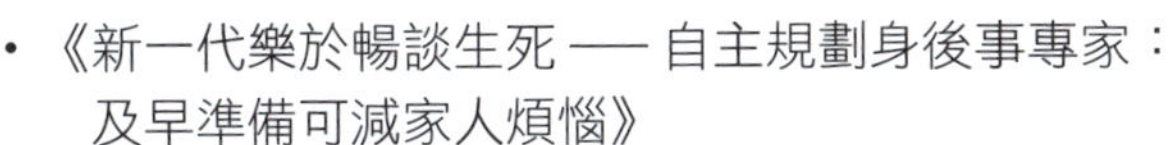

- 《新一代樂於暢談生死 —— 自主規劃身後事專家：及早準備可減家人煩惱》
（星島日報 02/04/2024）
https://www.facebook.com/share/p/h9G7dWfUowqehjig/?mibextid=WC7FNe

- 《杏林在線｜人生必修課一：面對死亡》
（NowTV 07/03/2025）
https://youtu.be/ONhCTSSj0VE

- 《生前告別式有乜好？退休教師實試瞓棺材：好舒服！》
（HOY TV 22/02/2023）
https://youtu.be/tv0CVSoU4dw?si=KshE20BQ0nCW0irk

第 7 章

十年創新
跨界協作

十年創新 跨界協作

容蔡美碧
黃金時代基金會創會主席

黃金時代基金會十歲啦！

十年來的深耕細作，我們成功地建立了一個跨界別、跨年代的創新協作平台，應對人口老化在香港和亞洲的發展。許多人的思維仍停留在傳統對「老」的詮釋上，但人口老化指的不只是年齡，其實社會的硬件（如建築物、設計裝潢）和各種制度（如教育、醫療、經濟、退休等）也一直在老化，趕不上二十一世紀人和事的需求。世界高齡化是現代社會經濟、教育、科技發展的巨大成就。隨着社會變得更富裕，人均壽命越來越長，身體越來越健康，百歲人生已是不爭的事實。

●基金會於「黃金時代展覽暨高峰會」中慶祝成立十週年，跨代義工團隊到場同賀。

我們的願景是掌握首次出現的全球高齡化現象，在香港及亞洲推動智齡城市。我們在創會之初提出五個優先發展領域：發展黃金時代經濟、提升身心健康、智齡科技的實際應用、提高生產力和社會參與度、促進跨代合作與社會包容性。往後的倡議和先導項目也朝着這五個優先領域發展。

賦權金齡人士成為社會新動力

社會已進入「百歲人生」的階段，45 歲以後是成年人真正的黃金時代。傳統的「退休」概念已漸被淘汰，我們透過黃金時代學院各項培訓，填補金齡人士所需的工具、實踐和支持，繼續透過不同的角色和崗位，大膽實驗和探索，建立健康、獨立和有意義的人生下半場，運用智慧和經驗參與建設未來的智齡社會。在 2015 年，我們向海洋公園建議讓 45 歲以上的人士擔任導賞員。在 2016 年，第一屆「黃金導賞員」正式誕生，大受園方及遊客歡迎。多年以來，近百位「黃金導賞員」全程投入導賞服務和協助園方多方面的工作。翌年我們培訓了 40 位「黃金氣候保育大使」，讓他們將有關知識傳達到社會各階層，並和年輕人分享經驗。從 2017 年開始，我們透過「黃金創新動力」培訓，讓關心社會議題的學員認識社會創新。透過有系統的學習經歷，222 位學員結合他們豐富的工作經驗和創新求變的精神，為他們熱衷的社會問題提出解決點子，並在社區實踐。2021 年新冠疫情持續逾年，失業率升至 7%，

● 2024 年第九屆「黃金導賞員」合影。

● 2017 年首屆「黃金創新動力」學員。

創 17 年來高位。我們特別設計了「職場中轉站」計劃，舒緩中年人士在失業或轉職時面對的不安，幫助他們釐清目標，提供職涯輔導，為職場轉型做好準備。

發展黃金時代經濟

我們深信人口老化為全球帶來嶄新的商機。中、老年人是唯一正在不斷增長的人力資源，也是創新產品和服務的龐大消費群體。我們要轉變思維，從福利導向政策轉向市場導向。如何推動這個倡議和建構這個新的經濟體系呢？我們在 2016 年首創展覽展示、峰會交流、業務拓展、全民討論集於一身的「黃金時代展覽暨高峰會」。是項國際性活動每年涵蓋來自不同國家或地區 150 多位參展會員的智齡產品、服務、技術與解決方案，並匯聚 100 多位國際及本地的思想家和領袖，催化有社會和經濟影響力的解決方案。每年我們都引入創新的元素，如歐美及日本以人為本的安老服務、英國政商民三贏的「社會影響力債券」(Social Impact Bond)、台灣地區的自立支援照顧、社會處方(Social Prescribing)、自主晚晴計劃等等。就算在疫情期間，我們仍堅持以網上方式舉行，繼續發放有用的訊息給萬多名受眾，緩解大家在隔離防疫措施下的壓力。近年亞洲各國、中央政府和港府皆大力推動銀髮經濟，令是項活動更形重要。我們一直以「商社共贏」為黃金時代經濟發展的基石，令社會和經濟效益相得益彰。

打破數碼鴻溝

科技是重要的工具，應具備「適老化」的基本功能，適合香港人口的具體需求，配以實用有效的指引，能讓中、老年人士自助及助人才是真正的好方案。世紀疫情突顯了數碼鴻溝對中、老年人的負面影響。香港安老服務一向面對嚴重資源不均的問題，私營安老院舍人手不足，又缺乏適當的設備，在第五波疫情下面臨崩潰。我們在 2022 年初即時發起「黃金時代『疫』風同行支援計劃」，組成專業義工團隊，運用機械人「金醫生」做自動消毒噴灑工作，並安裝不同軟件，為中、小型私營院舍提供適切助力，讓它們能在安全情況下繼續營運，轉危為機。此計劃令我們獲得了寶貴的經驗，認識到大部分企業營運者、長者及其家人未能掌握科技產品的應用。同時，科技公司並不了解中、老年客戶的痛點，對長者產業認識甚少，種種問題導致科技應用未能在安老行業扎根落地。我們遂搭橋鋪路，為供、需兩方進行教育和培訓。過去數年，我們培訓了 75 間私營院舍及 850 名護理人員。為進一步打破數碼鴻溝，我們在年底展開第二期「智齡照顧實驗室」計劃，集中運用合適的科技產品，深化私營安老院舍在硬件、軟件，以至人手方面的支援及訓練。我們在 2024 年第三期「智齡照顧實驗室」計劃開發了「金仔」、「金叵蘿」等科技的應用守則，培訓金齡人士學會運用多種智齡科技，服務日間長者中心及家居的長者，減輕照顧者的精神壓力。

社會處方

從最初賦權金齡人士的培訓開始，我們已採用了社會處方的模式。這是一種非藥物治療的嶄新方式，強調心理、社會和環境因素的全人照護。社會處方將個人與社區中的非醫療活動和服務提供者聯繫起來，以滿足市民的實際、日常社交和情感需求。國際文獻指出社會處方在改善患有長期疾病及缺乏社區支援的長者的福祉和降低醫療成本方面均有果效。在解決數碼鴻溝的同時，我們把實踐擴大到智齡科技來緩解長者孤立和身心健康惡化等問題。第三期「智齡照顧實驗室」計劃把社會處方與復康科技結合，由受過訓練的智齡助理為長者提供個性化居家支援。智齡助理學會運用智齡科技和復康治療工具，為居家安老的長者提供「非藥物治療」支援服務。同時間，他們還提供個人化的室內及室外社會處方活動，提高居家長者及復康者的生活質素。更重要的是和長者及家庭照顧者建立起信任的關係和深入的聯繫，支援他們的身心靈健康和在社區的生活。未來社會要多發展類似智齡助理的職位，以滿足居家長者和照顧者日益增長的服務需求。

跨代共融

我們一直重視跨代共融的重要性，代際要互相理解、溝通合作和互相包容。2018 至 2020 年，我們舉辦了「代代有愛・愛相傳」的跨代共融社區活動，培訓了 300 位金齡及青年人擔任跨代「結伴行」義工。疫情後，我們透過「小金醫生」計劃，培訓大、中、小學生對智齡科技的認識，溝通技巧、領導和創新能力。更重要的是播下同理心的種子。在過去三年，我們培訓了 400 名由金齡大使、智齡助理及學生組成的「小金醫生」跨代義工隊。他們分別到中、小型安老院舍提供支援，讓員工、院友和家屬們初嘗 IT 樂趣，並運用各種遊戲和互動方式，緩解負面的身心靈問題。我們亦為大專學生提供實務的實習生計劃，讓他們深入理解及參與私營院舍的運作，培養未來的安老服務人才。

跨界合作 永續發展

改變不是一蹴而就的，要通過不同的探索、討論、創新、試驗、實踐、改良而成就的。我們一直推動民、商、政、學、研互相合作，令政策和實踐得到配合。同時，我們先後和安老服務業、金融保險業、地產和建築業、數碼科技業、餐飲、教育、初創企業等攜手合作，讓業內人士深入理解金齡人士的痛點和需求，推出合適的或加以改良的產品和服務。從事智齡產業的企業而言，需要思考建立永續的商業模式，改良產品和服務以達到 ESG 的指標，並利用科技創新的方式降低成本。

建立國際網絡

我們每年都到內地和海外考察，參與重要的國際會議，與各地的持分者互聯互通，建立緊密的合作關係。我們在 2021 年成為聯合國有諮商地位的非牟利組織，令我們的視野和影響力更闊更深。我們亦定期進行研究及調查，把有關資料和數據與各界人士參考。

人口高齡化的議題極其複雜，不同的議題盤根錯節，系統之間又交互關聯。為此，我們在 2024 年底組成了由各界資深領袖參與的理事會；並成立了六個不同行業的工作小組，動員每個行業，把握人口高齡化帶來的挑戰和機遇。十年磨一劍，十年的創新和經歷，讓我們在黃金時代基金會這個大家庭，相互學習，相互幫助，共同進步，共同成長。展望下一個十年，我們會深化與各個界別和各地的合作，讓智齡化成為積極變革的動力，並且研究我們如何適應更長的壽命，實現更好的個人、社會和經濟成果。

● 2024 年「12.12 黃金智齡日」理事會及六個不同行業的工作小組正式成立。

第 8 章

智齡世代傑出領袖大獎 2024

為推動亞洲智齡發展，黃金時代基金會再次舉辦「智齡世代傑出領袖大獎 2024」，旨在表彰在推動智齡發展中作出卓越貢獻的領袖。他們不僅在各自的專業範疇內展現出色的成就，更在推動社會對黃金一代的關注和支持方面，發揮了重要作用。

本屆大獎分為「智齡世代環球之星」、「智齡世代領航者」及「智齡世代開創者」三個類別，共 19 位來自本地及海外的得獎者，他們分別在醫療、健康照護、食、住、行、學術、科技、創新共八個智齡發展領域中有卓越的貢獻。

- **「智齡世代環球之星」**表彰在智齡發展具有廣泛影響力及卓越領導力的星級領袖人物，積極推動跨地區、跨領域合作，促進全球智齡發展。

- **「智齡世代領航者」**表彰在其所屬專業中有豐富經驗，所從事的項目日益擴展及多元化，對智齡市場具有深遠影響力的領航人物。

- **「智齡世代開創者」**表彰其在所屬專業發展嶄新項目，重構智齡市場的新發展，致力創造影響力的開創者。

該獎項不僅是對得獎者的肯定，更進一步激勵社會各界積極投身和支持智齡產業，攜手重塑智齡未來，並且讓公眾認識更多最新智齡產品、研究、技術和應用，一起構想更美好的黃金時代。

頒獎典禮在 2024 年 8 月 3 日晚上的「黃金盛宴」上順利舉行。典禮邀請到聯合國紐約總部的老年事務非政府組織委員會主席威廉．史密斯博士、勞工及福利局局長孫玉菡先生、房屋局局長何永賢女士，以及在場 300 位嘉賓，共同見證得獎者的重要時刻，肯定他們每一位的努力和成就。

以下是各位得獎者簡介：

智齡世代環球之星

林正財醫生，銀紫荊星章，太平紳士
香港行政會議非官守議員
基督教靈實協會行政總裁

林正財醫生現為基督教靈實協會行政總裁，致力為長者提供全人及跨專業的醫療護理服務。在過去近 20 年，林醫生先後擔任安老事務委員會委員、副主席和主席，積極推動應對人口老化的政策，尤其是 2017 年公布的《安老服務計劃方案》。林醫生強調，完善基層醫療（Primary Healthcare）與實踐「一人一家庭醫生」理念對確保安老服務體系的可持續性至關重要。方案核心內容包括加強醫療與社會服務合作，推動醫療融資，及發展非資助安老服務。

為鼓勵長者家居安老，林醫生認為香港現有的基層醫療生態系統，包括地區康健中心、社區家庭醫生、中醫和其他專職醫療服務，可以發揮重要作用，而全港 200 多間長者中心則作為把關者，讓慢性疾病可以在社區層面得以支援。同時，他倡導討論醫療融資問題，特別是長期護理服務的融資，他主張整合及梳理有關服務的資助，鼓勵私營機構參與，以確保安老服務得以長期持續發展。此外，亦提倡中醫參與更多安老服務，為長者提供更多樣化、更靈活的醫療和照護服務。

智齡世代環球之星

郭海生先生，榮譽勳章

其士國際集團有限公司主席兼董事總經理

郭海生先生自 1972 年加入其士集團，現為集團執行董事、主席兼董事總經理。在郭先生的領導下，其士集團近年積極拓展保健護理投資。2011 年，集團進軍美國安老院舍業務，目前在美國六個州份擁有 28 間安老院舍，提供約 2,500 個床位，服務範圍涵蓋協助起居、失智護理、專業護理、暫居護理及寧養服務。

2017 年，集團通過注資合營企業，購入三棟位於美國的醫療辦公室大樓。在香港，集團去年完成建造香港房屋協會位於沙田乙明邨的長者住屋項目 ——「松悦樓」。該項目是全港首個採用 Full MiC「全組裝合成」技術的建築項目，從單位到公共設施均採用模組化預製組裝，有效節省建築時間並減低碳足跡。項目還採用多項無障礙長者友善設計，貼心照顧長者及輪椅使用者的日常生活需求。

此外，集團積極發展復康治療中心及長者公寓，引入先進的醫療科技及互動復康設備，為患者提供度身訂造的復康及保健計劃。而位於香港跑馬地的「曦蕓居」，融入持續照顧退休社區（CCRC）的概念，打造香港首個「醫社合一」一站式服務的全新退休社區，亦於 2024 年下半年開業。郭先生帶領集團致力建設社區，結合集團營運酒店、投資醫療服務，以及營運海外安老院舍的經驗，藉以滿足海外及本港對復康及安老服務的需求，共同建立共融社會。

智齡世代環球之星

田蘭寧博士
思德庫養老信息化研究院院長
中關村思德智能健康養老產業聯盟（SSIDC）理事長

田蘭寧博士是中國養老信息化領軍人物，創建了思德庫養老信息化研究院和中關村思德智能健康養老產業聯盟（SSIDC）。她的研究重點涵蓋養老信息化、老年人能力評估和長期照護等範疇。

田博士在產業界成就卓著，發起了養老服務信息化創新大賽等品牌活動，搭建協同共享的創新平台，推動科技成果的轉化和產業化；研發「老年人能力評估師」、「養老經紀人」和「養老信息官」三個創新崗位，是「第三人生」概念的倡導者；持續推動未來養老信息技術的產業孵化，倡導維持高效率、低成本的養老信息技術創新和創業環境，填補了中國在養老服務評估及信息化領域的空白，為國家應對人口老齡化挑戰做出了積極貢獻。

在學術方面，田博士主編《老年人能力評估基礎操作指南》及《養老服務信息化認知與實踐》兩本專業書籍；發表《試論信息技術與老齡服務的融合路徑》、《孕育基於標準的養老服務信息化生態圈》和《老年人能力評估師職業前景分析》等多篇學術論文，並擔任多個國家級養老信息化項目高級諮詢顧問。在標準制定方面，田博士作為主要起草人，對《老年人能力評估》、《養老機構安全管理》、《制定養老服務照護計劃操作指南》等多項國家標準、行業標準、團體標準的制定做出貢獻。在國際交流合作方面，田博士擔任國際標準化組織老齡化社會技術委員會國內技術對口工作組成員，並在推動中國與國際老齡聯合會、國際社會福利協會、GSA 等國際組織的合作中扮演重要角色。

智齡世代領航者（醫療）

李國棟醫生，金紫荊星章，太平紳士
安老事務委員會主席

李國棟醫生是家庭醫學和基層醫療的資深專家，曾任世界家庭醫學會（WONCA）主席及香港家庭醫學學院院長。目前，他身兼安老事務委員會主席、保安局禁毒處禁毒常務委員會主席，以及基層醫療署委員等重要職務。

李醫生強調基層醫療（Primary Healthcare）在整體醫療系統中的核心地位，認為它是個人及家庭獲得持續醫療服務的首要接觸點，也是醫療體系中最關鍵的組成部分。為應對香港的人口老化問題，他積極參與制定《基層醫療健康藍圖》（2022 年公布），旨在將醫療重心從治療轉向疾病預防，改變現有「重治療、輕預防」的醫療模式。李醫生提出理想的基層醫療模式願景：由家庭醫生領導跨學科團隊，例如物理治療師、視光師等專業人士，為市民提供「以人為本、全人可持續」的服務。他亦建議加強「醫健通」系統，改進健康監測和數據分析能力，為未來醫療決策提供更可靠的依據。

此外，李醫生主張提升中醫師和社區藥劑師在基層醫療中的作用，全面提高基層醫療服務質量。期望通過這些措施，建立更完善的基層醫療體系，為香港市民健康福祉做出長遠貢獻，同時為應對人口老化帶來的挑戰提供有力支持。

智齡世代開創者（醫療）

黃仰山教授
香港中文大學醫學院副院長（教育）
賽馬會公共衛生及基層醫療學院院長

黃仰山教授 Samuel 現為香港中文大學醫學院副院長（教育）、賽馬會公共衛生及基層醫療學院院長，以及敬霆靜觀研究與培訓中心總監。多年來致力於基層醫療研究，特別專注於心理健康方面的研究和實踐。

Samuel 強調心理和情緒健康的重要性，積極倡導及早預防心理及情緒疾病。他推動以靜觀治療來幫助患者，協助他們覺察和接受自身情緒、思想及身體感覺，從而減輕對痛感的反應。通過靜觀練習，患者可以更好地調整情緒、減輕焦慮，同時建立自信心和自我接納。

2018 年，Samuel 與團隊成立「香港中文大學敬霆靜觀研究與培訓中心」；該中心致力透過研究、教育和培訓來普及靜觀實踐，培訓更多專業人員掌握相關知識及技巧，提供以靜觀為基礎的介入措施，並將靜觀應用於醫學和保健範疇，從而提升大眾的身心健康水平。

智齡世代領航者（健康照護）

李慶福副教授
新保社區醫院副總裁（教育與社區合作）

李慶福副教授致力提倡家庭醫學，現為新保集團（SingHealth）社區醫院署理行政總裁（教育與社區合作部），負責監督旗下三間社區醫院的臨床培訓工作。

為應對新加坡人口老齡化問題，李醫生和團隊於 2019 年在社區醫院實行「社會處方」(Social Prescribing) 計劃。採用「整體健康方案 (Holistic Health Approach)」，從患者個人需求出發，將其與社區資源連結，旨在改善患者的「健康之社會決定因素」(Social Determinants of Health, SDoH)，從而全面提升生活質量。

該計劃包括評估患者的 SDoH 風險，符合條件者不僅在住院期間參與相關活動，還在出院前與相關社區資源建立聯繫，以持續改善整體健康狀況。疫情期間，團隊推出「電子社會處方」(Electronic Social Prescribing, eSP)，通過適合長者使用的數碼設備提供諮詢，協助維持日常生活。

「社會處方」計劃初步取得成效，有助減少患者對使用醫院及基層醫療服務的依賴。因此，2023 年，新保集團成立「新加坡社會處方實踐社群 (Singapore Community of Practice in Social Prescribing)，分享及推廣社會處方的相關知識及經驗。

智齡世代開創者（健康照護）

劉巨基教授
香港大學中風研究及預防組主任
香港大學李嘉誠醫學院助理院長（教學創新）

劉巨基教授 Gary 現為香港大學李嘉誠醫學院助理院長（教學創新）和香港大學中風研究及預防組主任。他熱衷於投入各項研究、創新和醫學教育，以促進中風的預防和管理。

Gary 不僅經常向大眾宣揚並普及中風相關知識，還積極支持在社區層面進行復康訓練，以幫助患者發揮最大復康潛能，同時為患者及其家庭提供支援，致力改善中風患者的康復過程和生活質素。

Gary 參與研發兩個流動應用程式。第一個是「風起航 App」，專為中風康復者及其照顧者設計，現正在多間醫院和社福機構廣泛使用。此應用程式不僅能記錄和控制血壓等健康指數，協助使用者管理中風風險因素，還提供「學習平台」，涵蓋飲食營養、照顧者錦囊及減壓方法等實用資訊，其「資源地圖」功能亦方便使用者搜尋港澳地區的醫療及復康設施。

另一個項目是「SmartRehab」平台，運用人工智能技術，協助治療師為中風患者設計個人化的復康練習。它能遠程監察患者的表現和進度，並評估患者運動姿勢的準確度，從而提高復康效能。「SmartRehab」近日獲得日內瓦國際發明創科展覽評委會特別嘉許金獎，更獲得世界中風組織支持，正在測試該平台在全球七個國家發展的可行性，推動無障礙復康服務，以致尤其中低收入國家都能受惠。

智齡世代領航者（食）

許承俊先生
廚尊（新加坡 / 香港）創辦人

許承俊於 2010 年創立「廚尊」，最初在新加坡馬里士他路（Balestier Road）的美食廣場租下攤檔，以成立社企大牌檔為目標，將弱勢社群培訓成為食品攤檔營業員，透過「熱忱工作」讓他們建立和重拾尊嚴。

廚尊聘請弱勢社群，引入了新加坡勞動力技能資格（Singapore Workforce Skills Qualifications，簡稱 WSQ）系統及 SkillsFuture 的小販烹飪課程，為殘疾人士提供適合而有系統的專業餐飲培訓。員工從準備和烹調星洲菜、到服務食客和收銀等工作中學習，最後在開放式美食廣場為公眾服務。廚尊還自行研發多個課程，讓員工按職位需要接受培訓，包括衛生清潔、烹調食材、溝通技巧等。

此外，廚尊亦在新加坡多所醫院開設「孺尊」（Dignity Mama）二手零售店，負責回收及銷售舊物和二手書。在護理員的監督下，年輕的殘疾人士也可體驗工作滋味。

2019 年，廚尊在香港旺角開設分店。在疫情期間，擁有計算機工程學背景的許承俊，以創新方式為殘疾員工消除不便，包括設計遙距機械人，讓行動不便員工能夠「在家工作」，負責控制機械人，遙距向食客推介食物和聊天。

智齡世代開創者（食）

文慧妍女士
The Project Futurus 創辦人及行政總裁

文慧妍 Queenie 於 2019 年創立社企「The Project Futurus」，現為該機構行政總裁。她致力通過倡議、教育、社區服務及社會創新，改變大眾對「老齡化」的刻板印象，提升長者飲食質素，推廣積極正面的樂齡生活。

Queenie 開發「軟餐俠」銀髮族飲食平台，親自扮演銀髮綠衣的軟餐女俠，以輕鬆有趣的方式分享軟餐製作技巧，傳播長者吞嚥健康及飲食資訊。該平台還提供校園教學活動和軟餐到會服務，全方位推廣有尊嚴飲食。

2020 年，Queenie 創辦「流動五感大茶樓」，結合企業參與和社區服務，為腦退化症長者和殘疾人士提供體驗式懷舊點心活動。通過愉悦的互動社交體驗，有效提升他們的食慾並提供多元感官刺激；該項目已舉辦超過 100 場活動，服務超過 2,400 位長者。

Queenie 的創新理念不僅在本地獲得認可，還吸引國際關注。2023 年，她前往荷蘭「Dutch Design Week」參加展覽，項目更獲得「DFA 亞洲最具影響力設計獎 2023——銅獎」等獎項，展示其社會創新的精神與樂齡可持續發展的巨大潛力。

智齡世代領航者（住）

陳志育先生
和悅社會企業主席

陳志育 Kenneth 在香港安老業界有超過 25 年的豐富經驗，除了經營私營安老院和長者日間中心，還出任「和悅社會企業」的主席。作為首位獲委任為安老事務委員會公職的私院經營者（2005 年至 2011 年），Kenneth 在私營院舍與政府之間扮演重要的溝通橋樑角色。他還連續三屆擔任香港安老服務協會主席，致力提升私營院舍的服務質素，積極推動香港安老事務及政策的發展。

目前，Kenneth 的集團正與香港房屋協會合作，為入住「長者安居樂住屋計劃」的中產長者，提供集家居支援、住宿照顧及醫療復康綜合服務。這個住屋計劃旨在設計和提供符合現代長者生活狀況和需求的安老服務，同時也探索前瞻性的綜合安老模式。

值得一提的是，Kenneth 正在實現世代傳承。其兒子陳碩暉在畢業後回港加入社會企業，以創新方法推動銀髮經濟的發展。父子倆還一同前往世界各地考察當地的安老服務，汲取國際經驗，為香港安老服務注入新的活力和思路。

智齡世代開創者（住）

羅凱寧女士
文化村及迎進生活董事總經理

羅凱寧 Stephanie 現為文化村及迎進生活董事總經理，從事長者服務超過 15 年，曾獲「大灣區傑出女青年企業家獎」以及「環球老齡產業拓荒者」等殊榮。她在 ETNET 擁有自己的專欄，專門研究香港和全球的創新安老模式並和公眾分享，其筆名為「安老職人」。

Stephanie 除了經營長者生活用品網「文化村」外，亦多次赴北歐及日本考察安老院舍，汲取國際先進經驗。2021 年，她在香港屯門創辦首個採用北歐式生活社區設計的智慧院舍「迎進生活」，引入美國 Eden Alternative「以人為主導」的院舍管理模式，配備多國先進的樂齡科技並積極與院校合作，強調長者的自主性和社交互動，並成為全港第一家進駐「友伴犬」於院舍居住的安老院。同時，她於 2022 年創辦文化村子品牌「The Living Gallery 生活策展」居家安老生活平台，為樂齡人士提供一站式家居改造服務及不同的上門專業服務。

Stephanie 多年來致力與本地及國際安老產品公司、院舍及業者跨界別合作，為私營安老市場帶來創新、有選擇和人性化的服務，不僅改變社會對院舍的刻板印象，還成功地為家族事業重新定位，讓文化村成為不少香港人所喜愛的安老服務品牌。

智齡世代領航者（行）

杉江理先生

WHILL 創辦人及行政總裁

杉江理先生早年曾於日產汽車（Nissan）工作，積累寶貴的汽車設計經驗。後來，他與團隊一起投身新式輪椅的研發工作。2009 年，第一部概念機問世；2011 年在 Tokyo Motor Show 東京車展展示；2012 年，杉先生在日本創立「WHILL 株式會社」，其使命是改變人們對輪椅等行動輔助工具的負面看法，致力讓每個人都能舒適而時尚地探索世界。公司的理念很快得到認可，次年在美國成功籌集資金。

WHILL 主要推出兩款電動輪椅產品。一款以便攜性為主要設計理念，另一款則注重高機動性，適合在室外甚至雪地使用。兩款產品均配備物聯網和 GPS 定位技術，用家可以通過手機連接產品，進行監測或直接操控。這些創新設計不僅獲得專利認證，還贏得多項國際知名的設計和技術獎項。目前，業務已經擴展到亞洲、歐洲和北美等市場。

近年，WHILL 開始在世界各地推廣輪椅共享服務。例如在東京羽田機場設置「自動駕駛系統」，為有需要的旅客提供航廈內的點到點移動服務。此外還與不同地區和機構合作，提供租借服務，方便需要短期使用輪椅的復康人士或旅遊者。這些創新服務不僅提高輪椅的可及性，也為更多人帶來便利。

智齡世代開創者（行）

梁淑儀女士
「鑽的」創辦人及行政總裁

梁淑儀 Doris 曾任記者多年，現為「鑽的」的創辦人及行政總裁。她的創業源於母親需要使用輪椅，卻發現市面上缺乏適合的交通服務。

2009 年，Doris 創立「鑽的」，引進日本福祉車種，為輪椅使用者提供點到點的專業接載服務。隨後，她進一步開發「鑽的休娛」活動，為使用輪椅的長者設計和安排外出活動，致力建構快樂安老的理念，改變香港人對安老服務的傳統印象。

近年，Doris 與合作夥伴結合科技和數據分析，研究資深司機的駕駛技術，開發出「同理心駕駛訓練模擬器」。此創新工具旨在培訓新一代司機，為社會提供高質素交通服務。她還計劃與學校合作，將此模擬器用於培養學生的同理心和共融社會的價值觀，實現 STEM 教育與價值教育的結合。Doris 更準備分享創業經驗，在香港以外地區探討輪椅轎車服務的可行性，希望將服務模式推廣到更多地區。

智齡世代領航者（學術）

樓瑋群教授
香港大學秀圃老年研究中心總監
香港大學社會工作及社會行政學系教授

樓瑋群教授現為香港大學秀圃老年研究中心總監和社會工作及社會行政學系教授，專門教授社會老年學、老年綜合評估和人類發展課程。樓教授的研究領域為社會家庭老年學，包括照顧認知障礙症、中風和生命晚期的親屬照顧者以及長者的社會和心理健康，特別關注實證為本的介入研究和智慧養老等。她還研究華裔長者的社會適應和心理健康，以及積極樂頤年（Active Ageing）對健康的影響。

近年，樓教授將研究範圍擴展至華裔家庭照顧者，涵蓋次要照顧者、社會支援、家庭傭工角色、干預策略和樂齡科技等方面。她積極與社區合作伙伴、社會企業和市場進行跨部門合作，成功為超過 50 個項目獲得資金，致力推動和提升長者身心健康的循證介入研究。樓教授在「賽馬會安寧頌」項目中擔任主研究員，旨在強化現有臨終護理服務，並發展適合香港社區安寧服務的義工發展、培力（empowerment）及協同服務模式。

目前，樓教授為香港老年學會理事、美國老年學會資深會員，以及亞洲區家庭研究聯盟董事。樓教授亦熱心服務社會，現任香港社區投資共享基金委員會委員、耆樂警訊中央諮詢委員會委員、長者學苑發展基金委員會委員。2022 年，樓教授獲頒健康老齡化 50 領袖人物（Healthy Ageing 50 Leaders）及 2023 最具影響力女性 STEM 領袖（Woman Change Maker in STEM）。

智齡世代開創者（學術）

馬學嘉博士
新加坡社科大學副教授（老年學課程）及
高級專家（體驗式教育中心）

馬學嘉博士 Carol 畢業於嶺南大學，獲社會科學哲學博士學位，主修社會老年學。馬博士熱心公益、是亞洲服務學習（S-L）及推動健康老齡化的社區研究實踐學者。

目前，馬博士是新加坡社科大學體驗式學習中心的高級專家、副教授和老年學碩士及博士課程的主任。她領導新加坡第一個由政府認可的老年學課程、社區參與和研究，並促進跨學科教育以解決老齡化問題。

她亦積極參與多個與老齡化相關的項目，包括制定新加坡首個長者學習指南、探討疫情期間認知障礙症的懷緬治療，以及與新加坡國家檔案局和失智症協會帶頭開展了以口述歷史來進行一系列懷緬及護理腦退化症患者的項目，研究數碼共融與健康老齡化，並參與世界衛生組織（WHO）的「長者綜合照護（Integrated Care for Older People, ICOPE）」實施框架。

現時馬博士亦擔任不少新加坡及國際機構的公職，包括新加坡國家福利理事會（NCSS）照顧者和老年護理服務的顧問，新加坡企業發展局銀髮市場策略委員會的成員，以及新加坡國際長壽中心（ILC-S）顧問。在國際上，馬博士亦是聯合國教科文組織終身學習研究所（UNESCO Institute for Lifelong Learning）顧問、亞洲區長壽聯盟的成員，同時也是全球天主教高等教育機構促進服務學習的 Uniservitate 學術委員會顧問。

智齡世代領航者（科技）

徐仲鍈教授
香港中文大學研究及知識轉移服務處處長
香港中文大學臨床研究及生物統計中心主任

徐仲鍈教授 Benny 早年在加拿大修讀精算及統計學，後在美國 Pittsburgh University（匹茲堡大學）攻讀生物統計學（Biostatistics）博士，並於 2001 年加入香港中文大學。

2008 年，Benny 和團隊開始深入研究視網膜圖像的特徵與中風之間的關聯，並展開以眼底血管狀況評估整體心血管狀態的研究。2015 年，順應大學鼓勵「學術研究商業化」的趨勢，他們成立「康訊生物分析有限公司」，正式將「全自動視網膜圖像分析（ARIA）電腦程式」推向市場。通過拍攝眼底照片並上傳系統分析，能夠從眼底血管訊息評估多個長期病風險，其中包括中風、冠心病等心血管疾病的風險。這項簡單快捷的分析方法已在美國、中國內地和台灣地區成功取得專利。

「康訊生物分析」不僅為體檢中心、眼鏡店和基層醫療機構提供檢測方案，還與非牟利團體合作，在社區開展免費篩查服務。這些活動有助提升社區的健康意識，幫助大眾及早預防疾病風險。

目前，這項技術已擴展應用至評估糖尿病、慢性腎病、冠心病和認知障礙症的風險。展望未來，團隊計劃關注年輕一代的需求，正籌備推出自閉症和抑鬱症風險的檢測服務。

智齡世代開創者（科技）

林朗熙先生
博歌科技創辦人及行政總裁

林朗熙 Roy 曾在美國修讀電腦工程及工作，及後於 2011 年回流香港。他協助東興企業進行工業項目轉型，開發各種自動化產品，包括人工智能驅動的生產解決方案和機械人科技。

憑藉豐富經驗，Roy 近年將業務拓展至醫療與生活自動化技術兩個新領域。他與理工大學的神經科學教授合作，設計並生產出能為中風病人恢復九成活動能力的機械手，已被多家醫療設施採用。此外，Roy 成立自動導航機械人公司「博歌科技（Robocore）」，透過開發 temi 智能機械人的不同功能，切合用戶各種需求，現為政府機構、中小企、酒店、醫院、老人院等場所提供消毒、清潔、查詢、上網等服務。

現時，temi 智能機械人在香港已售出超過 1,400 台，Roy 亦積極開拓市場，將旗下的產品和應用方案帶入大灣區以及內地其他城市。

智齡世代領航者（創新）

劉英女士
成都朗力養老產業發展有限公司聯合創始人

「成都朗力養老」創立於 2011 年，將多年的一線養老服務經驗轉化聚焦到適老宜居板塊。公司以「評估＋產品＋服務」為商業模式，結合標準化產品和數字化服務體系，為內地長者提供創新養老服務和解決方案。

在劉英與團隊的努力下，朗力成功研發出一套改造評估體系。該系統基於 10 萬多用戶的實踐數據，包含長者生活能力、輔具需求、居家環境安全、家庭結構關係和性格心理等模塊。通過程式編寫和算法模型建立，系統能自動為長者客戶制定家庭需求方案，提供度身訂造的適老化評估報告、改造方案建議和預算。

隨着物聯網和人工智能技術的應用與普及，朗力引入了智能家居、智能監測及科技適老等產品和服務。結合健康管理數據鏈，朗力致力於提高長者的整體生活質量，打造無障礙的家居環境，全天候保障長者的日常生活安全與舒適。

智齡世代開創者（創新）

岑啟灝先生
「鐵樹銀花」創辦人

岑啟灝 Matthew 是社企「鐵樹銀花」的創辦人。他曾到日本修讀社會學碩士，主修長者福祉，期間於當地安老院擔任前線照護員，並走訪不同照護服務單位，親身觀察和體驗日本如何從政策層面，以至社區層面應對人口老化的挑戰，可謂對日本的「介護福祉」有非常透徹和深入的認識。

Matthew 返港後成立鐵樹銀花，致力將日本值得學習的照護經驗本地化，並融入香港安老業界及社區之中，務求創造一個讓長者能自主、安心生活，並活出自己，互相照亮的社區。機構致力推動「照護文化」及「自立支援」，包括推出全港首創的「VR 認知障礙症體驗」，引入日本介護電影《照護人》等，這些項目的參加者涵蓋醫護界、社福界、教育團體、藥廠、保險界、大型企業，以至社區人士。

另外，Matthew 亦會親身帶領香港的團體到訪日本，就安老及復康服務進行深度考察及交流，並提供專業的顧問意見。Matthew 至今所做的都為香港的長者照護帶來不一樣的角度，亦為未來社會發展創造更多選擇及可能性。

附錄：黃金時代展覽暨高峰會

為應對人口高齡化的趨勢，本會自 2016 年起，每年舉辦「黃金時代展覽暨高峰會」，匯集國內外各行各業有影響力的思想家和領袖，引進創新的思維和優秀實踐模式；並讓專業人員和社區人士認識最新科技、產品和服務，成功建立跨界別協作平台，促進香港和亞洲各地智齡城市的發展。

適逢活動踏入十週年的重要里程，第十屆「黃金時代展覽暨高峰會」將以「十年創新 · 從銀到金」為主題，聚焦香港以至世界各地的銀髮經濟潛力，並就各大老齡化議題，邀請來自全球不同領域的傑出嘉賓，深入探討建設智齡化城市的創新理念和實踐方法。展覽會將設有超過 200 個攤位，展示來自世界各地先進及優質的產品、服務及智齡科技。

同期舉行的「黃金盛宴」慶祝晚宴及「智齡世代大獎 2025」頒獎典禮將邀請來自不同行業的企業高管、專業人士和機構代表參加，一起互相交流，建立新的聯繫和合作，並一同見證一群在安老和永續發展等領域作出巨大貢獻的傑出領袖的得獎瞬間，肯定他們的努力和成就。

第十屆「黃金時代展覽暨高峰會」謹定於 2025 年 7 月 31 日至 8 月 2 日假灣仔會議展覽中心舉行。歡迎各位踴躍參與，與我們攜手共建智齡城市！

本會將繼續推動創新對話，共同攜手處理和探究解決人口老化問題的可能性，推動嶄新的黃金時代經濟發展。

詳情請參閱「黃金時代基金會」網站：
https://goldenage.foundation/

去屆活動精彩重溫：

鳴謝

本書集合了 36 位來自香港和各地的專業人士、商界、學界和社區領袖的專業知識和遠見。他們大部分是 2024 年「黃金時代展覽暨高峰會」的主講嘉賓，為了啟發更多讀者，將他們的真知灼見撮要成文，我們深表感激。以下是作者名單：

方富輝副教授

田蘭寧博士

伍時豐副教授

伍桂麟博士

朱楊珀瑜女士

何永賢局長

李佩詩署長

李律仁資深大律師

李舜兒女士

李慶福副教授

李頴芝助理教授

吳家雯女士

林文健署長

林正財醫生

威廉・史密斯博士

施毅明教授

容蔡美碧教授

陳自強教授

陳志育先生

陳茂波司長

陳潔英博士

陳慧慈教授

麥偉基教授

許慧敏女士

彭子雋先生

馮康醫生

黃廣揚先生

鄧子平先生

劉巨基醫生

劉喜寶副教授

厲卓庭先生

蔡偉傑先生

黎曉洋律師

盧素心女士

鍾偉聰先生

關耀祖教授

（按姓名筆劃序排列）

作者簡介

群策智齡 4

智齡·永續·機遇

編著
黃金時代基金會

主編
容蔡美碧

責任編輯
李欣敏

裝幀設計
羅美齡

排版
楊詠雯

出版者
萬里機構出版有限公司
香港北角英皇道 499 號北角工業大廈 20 樓
電話：2564 7511　　傳真：2565 5539
電郵：info@wanlibk.com
網址：http://www.wanlibk.com
http://www.facebook.com/wanlibk

發行者
香港聯合書刊物流有限公司
香港荃灣德士古道 220-248 號荃灣工業中心 16 樓
電話：2150 2100　　傳真：2407 3062
電郵：info@suplogistics.com.hk
網址：http://www.suplogistics.com.hk

承印者
寶華數碼印刷有限公司
香港柴灣吉勝街 45 號勝景工業大廈 4 樓 A 室

出版日期
二〇二五年七月第一次印刷

規格
特 16 開（210 mm × 148 mm）

ISBN 978-962-14-7626-5